在人力资源管理各个模块中，薪酬管理向来被认为是最有技术含量的模块。薪酬管理的从业者，往往都要和 Excel 打交道。本书不是单纯地展示 Excel 技巧，而是从薪酬管理实践的底层逻辑出发，帮助读者真正理解薪酬管理中遇到的问题：既突出薪酬管理的实操内容，又重点讲述 Excel 的"落地"技巧，真正达到"授之以渔"的目的。

本书抛弃一般书籍一味介绍各种 Excel 技巧的枯燥形式，引入故事，通过主人公的视角，把人力资源薪酬管理的各个环节串联起来，让读者能够一边体会薪酬管理的逻辑，一边轻松学习相关的 Excel 技巧。

图书在版编目（CIP）数据

薪酬专家都是 Excel 高手 / 翁涛，叶明珠著. —北京：机械工业出版社，2022.6
ISBN 978-7-111-71002-8

Ⅰ. ①薪… Ⅱ. ①翁… ②叶… Ⅲ. ①表处理软件—应用—人力资源管理 Ⅳ. ①F243-39

中国版本图书馆 CIP 数据核字（2022）第 103228 号

机械工业出版社（北京市百万庄大街 22 号　邮政编码 100037）
策划编辑：侯春鹏　　　　　责任编辑：侯春鹏　刘怡丹
责任校对：韩佳欣　李　婷　责任印制：任维东
北京市雅迪彩色印刷有限公司印刷

2022 年 9 月第 1 版第 1 次印刷
148mm×210mm・7.25 印张・1 插页・117 千字
标准书号：ISBN 978-7-111-71002-8
定价：65.00 元

电话服务　　　　　　　　　网络服务
客服电话：010-88361066　　机 工 官 网：www.cmpbook.com
　　　　　010-88379833　　机 工 官 博：weibo.com/cmp1952
　　　　　010-68326294　　金　书　网：www.golden-book.com
封底无防伪标均为盗版　　　机工教育服务网：www.cmpedu.com

刚刚工作的时候,我接触了Office的三个经典软件:PowerPoint、Word和Excel。感觉前两个软件很快就能上手,唯独Excel,总是觉得很"别扭",搞不明白为什么做一个表格的时候还需要写公式。所以,我总是"躲避"使用这个软件。甚至在制作入职、离职以及考核表格的时候,都是用Word来完成。

故事的转折发生在我开始接手公司薪酬管理的时候。当时的老板总是用一系列很神奇的Excel公式,轻松解决困扰我的很多问题。最重要的是,我发现掌握Excel技巧后,能够让自己的工作效率成倍提高。可以这么说,如果仅仅是处理几个数据,用不用Excel公式其实无所谓;但是,如果在处理成千上万的数据时,能够灵活地使用各种Excel技巧,你就能体验到"快到飞起"的感觉。

自此,我就走上了"迷恋"Excel之路。在工作中,我不断学习和使用各种 Excel 技巧来提高工作效率。再后来，遇到很多同事在工作中的各种问题，我也能用自己掌握的 Excel 技巧帮助他们解决。

当然了，我也渐渐发现，Excel 的功能实在是太强大了，在同类软件里找不到可以超越 Excel 的竞品。那么，摆在我们每个人面前的问题是：是否需要花很多时间去学习 Excel？是否去升级自己的 Excel 技能？是否要学一下数组？是否要学一下 VBA⊖，才算是 Excel "学有所成" 呢？

实际上，我的答案是否定的。Excel 的神奇之处在于：我们不用掌握深奥的数组和 VBA 编程，也能够成为 Excel 高手。

为此，我希望能够把日常工作中常用的 Excel 的神奇功能展示给大家。同时，还可以和大家分享如此操作背后的原理与逻辑。当我把这个想法和明珠老师表达后，我们一拍即合，也就有了撰写这本书的原动力。

在书中，我们采用很多大家熟悉的公式和技巧，来解决工作中的实际问题。因此，本书并非高深的 Excel 纯技巧介绍，它的主要特点就是：借用薪酬管理这个载体，来和大家演练一下不使用那些高深莫测的数组和 VBA 编程，

⊖ VBA：即 Visual Basic for Application，是 Visual Basic 的一种宏语言，是在其桌面应用程序中执行通用的自动化任务的编程语言。

同样也可以实现问题的高效解决。

对于不熟悉薪酬管理内容的小伙伴来说，也不用担心，这本书恰好可以作为学习薪酬管理的入门书籍。让你在掌握薪酬管理知识的同时，提高 Excel 技巧。

在构思和写作本书的过程中，我的同事张晶给予了很大的帮助，使我得以不断完善篇章结构。

翁　涛　叶明珠
2022 年 2 月于北京

前言

第一章 做一个有仪式感的启动吧 / 001

01 喜欢的运行模式是开始的第一步 / 003

02 快捷按钮既方便又高效 / 006

03 庞大的快捷键家族 / 012

第二章 基础数据源是成功的一半 / 025

01 数据源要准确又精细 / 026

02 数据统计要科学又实用 / 042

03 邮件合并让数据轻松分发 / 047

第三章 做一套漂亮的薪酬架构 / 059

01 必须厘清的管理理念 / 061

02 必须要走的搭建步骤 / 067

03 必须力挺的 Excel 技术 / 068

第四章 年度调薪谁怕谁 / 115

01 从战略高度看调薪 / 117

02 从预算角度做调薪 / 118

03 从落地角度应用 Excel / 128

第五章 超骨感的薪酬分析 / 151

01 并购中的薪酬分析 / 152

02 部门重组的薪酬分析 / 161

03 薪酬管理重在数据分析 / 173

第六章 繁杂事务很简单 / 193

01 给表格美个颜 / 194

02 用下拉菜单建立自己的规则 / 202

03 强大的 VLOOKUP 百用不腻 / 212

第一章

做一个有仪式感的启动吧

秋天——北京一年里最美好的季节。天，总是蓝到让你喜欢一直发呆下去；地，被各种颜色的植被覆盖；空气，总是能够恰到好处地沁人心肺。望着前面耸立的高楼，肖敏停下脚步重新上下打量了一下自己的职业装，下意识地用手紧了一下背包，然后走进了她既熟悉又陌生的集团公司总部办公大楼。

之所以说既熟悉又陌生，是因为肖敏从大学毕业之后，就在这家集团公司的下属某企业从事人事行政的工作，和总部有接触但是不多。在人事行政部门工作期间，她手脚勤快、做事麻利、善于学习，虽然公司规模不大，工作内容也相对基础和零碎，但跟着公司领导她也学到了很多人力资源管理方面的知识，并参与过一些重要的薪酬管理项目。最值得一提的就是，她很善于使用Excel的各种技巧，帮助她快速地完成很多数据图表和分析类工作。

凭借自己的个人能力和努力工作，肖敏一眼就被集团人力资源部总监相中，一纸调令把她调到人力资源部，担任高级薪酬专员。所以，对于肖敏来说，今天是全新的一天，是她职业生涯的一个新起点。她打算充分利用自己擅长的 Excel 技能，同时向部门内的薪酬专家多请教，了解薪酬管理背后的每一个逻辑，最后用 Excel 把这些逻辑、知识落实执行。

即便是在同一个集团里的调动，肖敏在总部报到的第一天要办理的入职手续基本上也和新员工入职差不多。她忙碌了一个早上，走各种流程、做各种信息的登录、账号的申请，楼上楼下地穿梭。好在很多部门她都很熟悉。肖敏很快拿到了属于自己的工作电脑。打开电脑，她下意识地查了一下 Excel 版本。"哦，挺好的，还算比较新的版本。"肖敏心里默念了一下。然后，开始习惯性地设定自己常用的各种设置。

01 喜欢的运行模式是开始的第一步

每个人使用 Excel 的时候，都有自己的操作习惯。作为 Excel 高手，肖敏也有自己独特的工作习惯。因此，在新电脑运行 Excel 之前,她会首先"告诉"软件自己的喜好。

1. 打开 Excel,看到窗口左上角的"文件"。

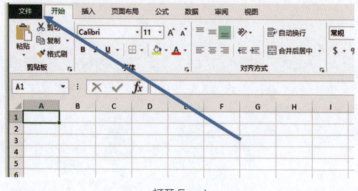

打开 Excel

2. "文件"里面最常用的就是"选项"里面的内容。很多设置都需要在这里调整。

"文件"—"选项"

3. 在"保存"这个选项里面,需要根据自己的喜好调整相关设置,如下所述。

保存设置

(1)保存自动恢复信息时间间隔。系统会默认每隔10分钟就自动存盘一次。这个设置可以帮助我们自动保存文件。但是作为薪酬专员,肖敏有时候会进行试测算。也就是说,她有时候设定某个公式,想看看会产生什么结果。如果结果不理想,就用"返回"功能退回来。这个时候,本来是不打算存盘的,但如果恰恰这个时候系统自动存盘了,就没办法再返回上一步操作了。因此,肖敏习惯性地取消了自动存盘这个功能。当然,因为职业习惯,她已经养成了在工作的关键节点使用"Ctrl+S"的快速存盘操作。否则,就可能损失惨重:她曾经因为长时间没有存盘,突然电脑死机,结果做了很长时间的"功课"都丢了——悔之晚矣!

(2)自动恢复文件位置。系统有自己默认的路径存放自动恢复的文件。肖敏知道很多薪酬数据比较敏感。因此,即便是由于突然死机等情况造成文件的恢复,她也希望能够快速找到它们。因此,她把这个文件夹设定在自己习惯的地方。这样就可以快速查找到。

(3)默认本地文件位置。在每一次选择保存的时候,系统总是默认一个路径储存。当然,一般我们会调整存放文件的路径。对于经常处理数据的肖敏来说,很多数据都在一个大的文件夹里。因此,她会先把这个文件夹放在自己一眼就能看到的地方,方便以后使用。

02 快捷按钮既方便又高效

中午吃饭的时候,人力资源部的同事都参加了欢迎新同事的聚餐活动。作为新人,肖敏也介绍了一下自己的情况。吃完饭后,肖敏和老板一起返回。在和老板的聊天中,肖敏更加清楚地了解了自己未来的工作:不仅仅是利用自己的 Excel 技能来实现很多薪酬管理功能,如果希望长远发展，她还要了解薪酬管理的基本知识和逻辑。

回到办公室，肖敏继续设置需要设定的 Excel 功能。

她依次打开"文件 → 选项 → 快速访问工具栏"，这里面有很多快捷按钮。虽然一般的 Excel 版本已经在我们日常使用的界面上设定了很多快捷按钮，但仍然有很多功能可以根据我们自己的工作喜好来设定。

肖敏先在左边"从下列位置选择命令"的下拉菜单中选择"所有命令"，然后找出自己常用的按钮，选择"添加"到"自定义快速访问工具栏"中。当她把这些快捷按钮设置好之后，就会看到它们已经出现在 Excel 界面的左

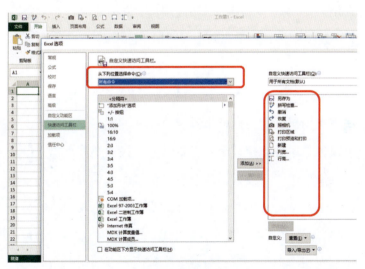

设置快捷按钮

上角了。

（1）"另存为"选项。作为薪酬专员，肖敏经常需要对各种数据进行测算。有时候需要在关键的节点把文件另存为一个新文件。因此，肖敏特别喜欢使用"另存为"这个选项按钮。即便不是另存文件，在选择"另存为"的时候，也可以想一下该如何保存。所以，她不喜欢直接保存，以免必要的数据被"保存"覆盖了。

（2）"照相机"是个特别有意思且特别实用的工具。尤其是在数据测算的时候，如果需要看一下某个工作表格的数据调整，会不会造成另一个表格计算结果的变化，那么就会使用到"照相机"功能。肖敏非常喜欢这个功能，它节省了很多在各个表格中来回切换的时间。

（3）"列宽""行高"选项都是特别适用于快速调整单元格宽度和高度的工具。很多人在做表格的时候，都喜欢直接用鼠标拖拉边框来设定单元格的宽窄。实际上，如果仅仅是单独拖拉几个单元格，这样操作还算可以；但是如果操作若干行或列，就会显得缓慢而且很难控制一致的行高和列宽。这个时候，选择需要操作的行与列，然后点击"列宽""行高"按钮，直接输入相应的长度数值即可。

例如，我们需要调整 G/H/I 三列的宽度，不用鼠标拖拉。

我们先选择三列,然后点击屏幕上方"列宽"按钮,就会出现一个"列宽"对话框,只要输入合适的数值即可,操作起来非常方便。

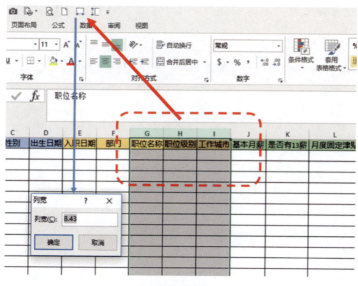

调整列宽

涨知识

教你用"照相机"功能

公司需要给学历不同的实习生按照小时工资来计算他们的应得收入。但是,考虑到公司成本的压力,需要首先测算一下在不同小时工资标准的情况下,公司总成本有什么变化。

为此，肖敏建立了两个工作表格。一个是"小时工资"表，里面设定不同学历背景实习生计划的小时工资；另一个是"工资总计"表，里面的小时工资就是通过 VLOOKUP 功能直接关联"小时工资"表格（本书第四章会更加详细地介绍 VLOOKUP 功能）。

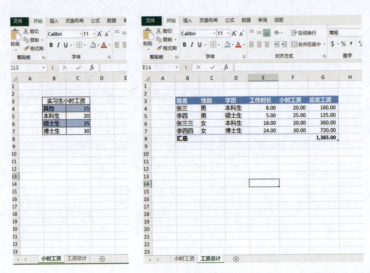

VLOOKUP 功能

好了，接下来肖敏就希望在调整"小时工资"金额的时候，能够同时看到"工资总计"表里面总金额的变化，以此来测算在不同情况下，实习生总的工资支付有什么变化。一般来说，肖敏需要在"小时工资"表里面调整金额，然后切换到"工资总计"表中查看数据结果，如果需要继续调整，再返回"小时工资"表中进行操作。但肖敏觉得这样来回切换比较麻烦，而且不能看到数据变化的过程。为此，肖敏打开了"照相机"的功能。

选择需要"拍照"的区域（本案例中，用鼠标选择"工资总计"表中B3:G8区域），然后点击"照相机"按钮（这时，刚才选择的区域变成了灰色，同时边框变成了虚线，说明系统已经把这个区域"拍照"了），返回到"小时工资"表。这个时候鼠标指针是一个"+"的符号。在自己喜欢的地方，用鼠标左键直接点击、拖拉选择后就会发现，另外工作表

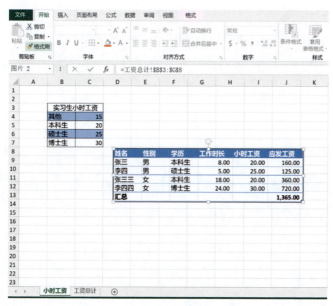

照相机功能

里的这个文件被"拍照"过来了。

接下来,你就会惊奇地发现,调整实习生小时工资的时候,照相机"拍照"的汇总表里面,应发工资是"联动"的,这样我们就能实时监控总计数据了。

03 庞大的快捷键家族

肖敏处理过无数的 Excel 文件,她知道掌握一些常用的键盘操作能大大提高效率;同时,可以在操作的时候左右手一起工作,也算是发挥了全脑优势。

作为一名人事行政工作的熟手,肖敏把自己常用的快捷键进行了归类整理,参见下表。

第一类:"Ctrl+ 字母"

表 1-1 "Ctrl+ 字母"快捷键

组合	功能	组合	功能	组合	功能
Ctrl + A	表格全选	Ctrl + F	查找	Ctrl + L	创建表
Ctrl + B	文字加粗	Ctrl + G	定位	Ctrl + N	新建 Excel 工作簿
Ctrl + C	复制	Ctrl + H	替换	Ctrl + O	打开文件
Ctrl + D	向下填充	Ctrl + I	文字变斜体	Ctrl + P	打印
Ctrl + E	智能填充	Ctrl + K	插入超链接	Ctrl + Q	快速分析

（续）

组合	功能	组合	功能	组合	功能
Ctrl + R	向右填充	Ctrl + U	文字添加下划线	Ctrl + X	剪切
Ctrl + S	保存文件	Ctrl + V	粘贴	Ctrl + Y	恢复上一步操作
Ctrl + T	创建表	Ctrl + W	关闭文件	Ctrl + Z	撤销上一步操作

第二类："Ctrl+ 数字 / 符号"

表 1-2 "Ctrl+ 数字 / 符号"快捷键

组合	功能	备注
Ctrl + 、	切换显示单元格值和公式	
Ctrl + 1	设置单元格格式	
Ctrl + 2	文字加粗	同 Ctrl + B
Ctrl + 3	文字变为斜体	同 Ctrl + I
Ctrl + 4	文字添加下划线	同 Ctrl + U
Ctrl + 5	文字添加删除线	
Ctrl + 6	隐藏对象（图片、图表等）	
Ctrl + 9	隐藏选定的行	
Ctrl + 0	隐藏选定的列	
Ctrl + -	删除	
Ctrl + ;	返回当前日期	
Ctrl + ~	应用"常规"单元格格式	
Ctrl + !	应用"货币"格式（显示整数）	不显示货币符号
Ctrl + @	应用"时间"格式	
Ctrl + #	应用"日期"格式	
Ctrl + $	应用"货币"格式（显示两位小数）	显示货币符号
Ctrl + %	应用"百分比"格式	

（续）

组合	功能	备注
Ctrl + ^	应用"科学计数"格式	
Ctrl + (	取消隐藏的行	
Ctrl +)	取消隐藏的列	
Ctrl + +	插入	
Ctrl + :	返回当前时间	

第三类："Ctrl+ 其他键"

表 1-3 "Ctrl+ 其他键"

组合	功能
Ctrl + PageUp	移动到上一工作表
Ctrl + PageDown	移动到下一工作表
Ctrl + Enter	用当前输入项填充选定单元格

第四类：其他组合键

表 1-4 其他组合键

组合	功能	备注
Shift + F2	在单元格中插入批注	
Shift + F3	插入函数	
Shift + F5	查找	同 Ctrl + F
Shift + F11	插入新工作表	同 Alt + Shift + F1
Alt + Enter	在单元格中换行	
Alt + =	在单元格中换行	插入求和公式（SUM）

Excel 还有很多快捷键组合，熟练使用快捷键能大大提

高做表速度,各位同学也可以在工作中慢慢摸索和熟悉哦!

下面,我们将给大家详细介绍一些比较神奇的快捷键。

 涨知识

神奇的 Alt

Excel 的工具栏中有很多按钮对应各种不同的功能,用鼠标选择可以快速实现自己想要的操作。它们当中许多都有属于自己的快捷键组合,可是记不住这么多快捷键组合,又不想或者不方便用鼠标操作怎么办呢?

Excel 贴心地为大家准备了快捷操作指引——Alt。

现在,我们在 Excel 中插入一个横排文本框:

(1)直接在 Excel 界面中按下 Alt 键进入快捷键模式,每个选项卡下面会出现对应的快捷键数字 / 字母提示。

快捷键模式

(2)要选择"插入"选项卡,则按照提示在键盘上按"N",工具栏便会进入插入选项卡中并给出每个功能对应的新提示。

功能提示

（3）在键盘上敲击"文本框"下面的提示字母"X"，便会出现文本框选项快捷键提示，按"H"，Excel 工作区域即会出现一个横排文本框。

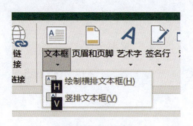

绘制横排文本框

按下 Alt 之后的快捷键模式相当于给了我们一个纯键盘操作的指引，我们不需要记住每个快捷键组合，直接按照提示一步一步操作就可以实现想要的功能。

神奇的"Ctrl+E"

如果一定要用一个定义来概括这个神奇组合的作用，那么就是：在一个 Excel 表格中，使下面若干行的操作和第一行相同。不同于其他的快捷键组合,"Ctrl+E"组合需要在最上面的第一个单元格里手动输入需要呈现的结果,然后选定需要进行类似操作的范围,利用这个快捷键组合来完成操作。换言之,先要手动输入一次,告诉 Excel 你在干什么,后边就可以利用快捷键组合来完成了。

(1)合并功能。例如,在以下表格中,需要把员工的"姓""名"两列的内容合并在"姓名"列。这个时候,需要在第一名员工"张三三"的"姓名"列,手动输入"张三三"。然后用鼠标选中该单元格及下面需要同样操作的单元格之后,利用快捷键组合"Ctrl + E",就可以把下面员工的"姓""名"自动组合起来了。

表1-5 合并功能

员工号	姓	名	姓名
A537	张	三三	张三三
A726	李	思思	
A517	张	三	
T892	欧阳	思思	
A861	李	四	
T283	王	五	
A407	赵	六	

(2)合并并调整字母大小写。例如,如果在组合员工

英文姓名的时候，需要把员工的"姓"全部大写。这个时候，你需要在员工名字的第一个单元格手动输入"Jason LI"，然后把下面单元格选中，利用快捷键组合"Ctrl+E"就可以完成剩下的工作了。

表1-6　合并并调整字母大小写

ID	First Name	Last Name	Name
A537	Jason	LI	Jason LI
A726	Mandy	Zhang	
A517	Alice	Zhao	
T892	Abby	Liu	
A861	Mary	Wu	
T283	Benson	Sun	
A407	John	Zhang	

（3）提取功能。利用这个快捷键组合不仅能实现组合功能，还能实现信息提取功能。例如，下面表格中员工号前面都有字母，观察发现字母的数量不一致，后边数字的位数也不一致。我们只需要在第一个单元格输入A，然后选中下面单元格，利用快捷键组合"Ctrl+E"就可以把字母都分离出来。同样的情况，把第一名员工员工号里面的"537"手动输入到相应位置，然后进行同样的操作，就能把数字提取出来了。

表1-7 信息提取前

员工号	姓名	员工号字母	员工号数字
A537	张三三	A	537
A726	李思思		
AT1517	张三		
AT892	欧阳思思		
AM861	李四		
OTT283	王五		
A4071	赵六		

下表是提取后的样子。这里需要提醒大家注意的是：我们需要做两次"Ctrl+E"的操作。第一次提取员工号字母的时候，能够把不同数量的字母全都提取出来。同样，在第二次提取员工号数字的时候，也能够把不同长度的数字尽数提取出来。

表1-8 信息提取后

员工号	姓名	员工号字母	员工号数字
A537	张三三	A	537
A726	李思思	A	726
AT1517	张三	AT	1517
AT892	欧阳思思	AT	892
AM861	李四	AM	861
OTT283	王五	OTT	283
A4071	赵六	A	4071

（4）提取并调整格式。把原格式中的内容提取出来，并调整格式。例如，我们把员工手机号的数字提取出来，同时增加"-"来分隔显示。我们只需要把第一名员工的手机号手动输入一次，并且在输入的时候，增加"-"，然后使用"Ctrl+E"组合就好了。

表1-9 提取并调整格式

员工号	姓名	手机号	手机号分段
A537	张三三	11812141234	118-1214-1234
A726	李思思	12640245219	
A517	张三	12783027301	
T892	欧阳思思	19210472938	
A861	李四	18103728102	
T283	王五	14701829301	
A407	赵六	16291038271	

（5）熟悉规律，不能滥用。这个快捷键组合非常神奇好用，但是使用时也要多检查一下。有些情况，Excel并不能完全掌握你需要的逻辑，这样在操作的时候就会出现错误。例如，我们希望利用"Ctrl+E"把员工姓名中的"姓"和"名"分开，如果遇到复姓的情况，这种操作就会出错。在下表中，我们把第一名员工"张三三"的姓"张"输入之后，利用快捷键组合"Ctrl +E"下拉的时候就会发现，

Excel 并不能识别出复姓。因此，在提取员工姓名的时候，就会出错。

表 1-10 出错情况

员工号	姓名	姓	名
A537	张三三	张	三三
A726	李思思	李	思思
A517	张三	张	三
T892	欧阳思思	欧	阳思思
A861	李四	李	四
T283	王 五	王	五
A407	赵六	赵	六

这个例子中，"欧阳思思"这个名字在分割的时候出错了。另外，我们发现，表格倒数第二行"王五"这个名字在分割的时候，Excel 保留了名字中间的空格。这是 Excel 在初步判断过程中无法识别的问题，需要我们仔细检查，不能过于依赖快捷键。如果对 Excel 公式比较熟悉的话，也可以用更高阶的公式来进行相应的处理。

涨知识

神奇的"Alt+="

在计算薪酬和数据分析的过程中，常常需要将很多项目相加计算总数，常规的操作是直接在需要计算的单元格输入"=SUM（....）"来计算。而 Excel 为我们准备了一个更加快捷的方式："Alt+="。

（1）在下图中，三名员工的工资由基本工资、补贴、津贴和奖金组成，工资合计是这 4 项的总数。

姓名	基本工资	补贴	津贴	奖金	工资合计
张三	5,000	200	100	2,000	
李四	6,000	150	100	1,000	
王五	7,000	200	120	500	

求和表格

（2）在 F2 单元格中输入"=SUM(B2：E2)"，回车后即可得到张三的工资合计。但为了提高效率，我们可以使用更加快捷的方法：选中需要显示结果的单元格（F2：F4），直接按下"Alt"和"="快捷键组合，单元格中会立马进行 SUM 公式的填充并计算出结果。

姓名	基本工资	补贴	津贴	奖金	工资合计
张三	5,000	200	100	2,000	7,300
李四	6,000	150	100	1,000	7,250
王五	7,000	200	120	500	7,820

按下"Alt"和"="

附：本章内容脑图

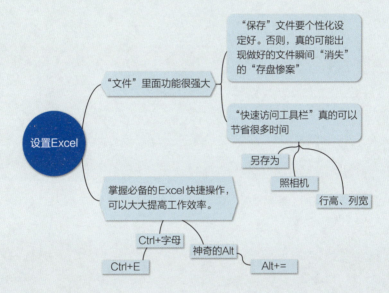

第一章

基础数据源是成功的一半

每个月发工资那天是公司员工最期待的日子,当大家都翘首企盼,琢磨着拿到工资如何消费的时候,肖敏却没有时间想这些。她要忙着收集考勤、奖金、社保公积金、专项附加扣除等数据,还要计算工资个税、准备工资和工资条的发放、个税的申报,等等。每个环节环环相扣,既要准时又要准确。肖敏知道,虽然对于一名薪酬工作人员来说这是再日常不过的工作了,但她仍需要一丝不苟地严谨对待。毕竟每一个环节都跟每一位同事的切身利益息息相关,每一分钱的不当出入都会对同事造成困扰。

01 数据源要准确又精细

肖敏刚接触 Excel 的时候,表格做得特别随意,以致于后续做数据统计时常常出现统计数据不准确、表格筛选不精确、数据透视无法呈现想要的结果等一系列问题。经过长期的摸索和向前辈请教，她终于慢慢养成了良好的做表习惯，为后面高效处理数据打下了坚实的基础。

肖敏在办公桌上小心翼翼地贴上了刚打印出来的小提示——做表好习惯：

1. 切记及时保存（Ctrl+S），以防万一；

2. 充分利用好各个工作表(sheet)，数据源、数据加工、统计报表分开；

3. 各个工作表（sheet）之间有逻辑关系的数据要随时进行校验。

接下来，肖敏需要开始准备工资发放的一系列工作了。

肖敏打开邮箱，开始处理本月的奖金数据：集团总部50名员工中，有20人因为不同的原因须发放奖金。但是由于部门、奖金类别、奖金金额都不一样，奖金的发起人和审批人也不同，她需要从各封邮件中将奖金整理和统计出来。

几年前，肖敏习惯于这样整理数据，但这样做会带来如下问题：

（1）姓名居中，两字人名中间有空格，难以搜索

很多人都会遇到这种情况，有时是因为从邮件中把数据复制粘贴过来之后发生了格式变动；有时是因为数据提供方手动增加了空格；有时是制表人为了让所有人名对齐，特意将两字人名中加入空格，这样带来的最大困扰是当我们需要搜索某个人的时候，无法直接输入名字进行搜索，在进行条件查找等操作时，查找条件中也需要输入同样数量的空格，这在无形中增加了工作难度，也降低了工作效率，如下图所示。

姓名	奖金
张书蕾	工作突出奖500
赵 雪	工作突出奖500
张光辉	工作突出奖500
王文瑞	工作突出奖500
吴菊月	工作突出奖500
吴小妍	工作突出奖500
吴子怡	工作突出奖500
张雅静	工作突出奖500
钱高懿	工作突出奖500
吴 芸	工作突出奖500
李 风	工作突出奖500
李 聪	工作突出奖500
李湘怡	工作突出奖500
陈昕昕	工作突出奖500
张承德	工作突出奖500
王 超	工作突出奖500
工作突出奖小计	8,000
张 伟	重大贡献奖2,000
陈 彬	重大贡献奖2,000
重大贡献奖小计	4,000
吴 平	专利奖2,000
吴 冰	专利奖2,000
专利奖小计	4,000
奖金总计	16,000

人名中有空格的情况

遇到这样的情况，我们可以用"Ctrl+H"，在"查找和替换"对话框中的"查找内容"中输入空格，点击"全部替换"，就可以把所有空格去掉了。

如果仍然希望名字对齐显示的话，也可以将空格去掉之后，选择姓名列，点击鼠标右键选择"设置单元格格式"，在"水平对齐"下拉菜单中选择"分散对齐（缩进）"即可（在本书第六章会介绍相应的公式，来帮助大家处理类似问题）。

选择"分散对齐（缩进）"

（2）奖项和金额全部罗列，无法分类统计

例如，工作突出奖 500 元、重大贡献奖 2,000 元、专利奖 2,000 元，虽然描述清晰准确，但在 Excel 表格中这样

描述实在浪费，导致"奖项名称"字段无法作为统计口径进行分类，"奖项金额"的数字也无法直接进行统计计算（具体统计方法将在下文中体现）。

（3）需要手动计算数据

从上面表格中不难看出，虽然各个小计和奖金总计数据是准确的，但制表时需要单独手动计算，然后将数据填写到对应单元格中，而 Excel 强大的计算功能并没有得到很好的发挥。

（4）只记录姓名，不记录工号，易造成信息混淆

我们在对员工信息和数据进行统计分析时，往往需要为每个人设置一个工号作为"唯一识别字段"。这就像我们的身份证号码一样，它是唯一的、不与他人重复的、能与他人完全区分的信息。

而在员工数据处理中，只记录姓名不记录工号这种习惯本身并不算是错误，只是有些不够严谨。中国人同名同姓者人数众多，随着公司的发展和人员流动，很容易出现公司内部甚至部门内部存在同名同姓人员的情况。在后续的数据统计中会由于姓名无法起到识别作用，从而造成一定的困扰，影响我们的工作效率。

肖敏一般也不会采用员工的身份证号来作为"唯一识别字段"。因为一方面，如果所有内部表格都要列明身份证号码，那么无法对员工的隐私起到很好的保护作用；另一方面，身份证号码有 18 位数字，在 Excel 中，数字过长在显示上和在公式引用上都会有一些不便。

现在的肖敏，更习惯这样记录信息，如下所示。

工号	姓名	部门	岗位	奖金类别	奖金金额
E00003	张书蕾	市场部	市场主管	工作突出奖	500
E00005	赵雪	财务部	出纳	工作突出奖	500
E00008	张光辉	生产部	生产部总监	工作突出奖	500
E00009	陈彬	行政部	行政经理	重大贡献奖	2,000
E00013	吴平	研发部	研发主管	专利奖	2,000
E00014	王文瑞	财务部	税务会计	工作突出奖	500
E00015	吴冰	生产部	生产工人	专利奖	2,000
E00018	吴菊月	研发部	研发专员	工作突出奖	500
E00021	张伟	客服部	客服主管	重大贡献奖	2,000
E00023	吴小妍	客服部	客服专员	工作突出奖	500
E00025	吴子怡	销售部	销售专员	工作突出奖	500
E00028	张雅静	人力资源部	员工关系专员	工作突出奖	500
E00030	钱高懿	生产部	车间主任	工作突出奖	500
E00033	吴芸	生产部	生产工人	工作突出奖	500
E00036	李风	生产部	生产工人	工作突出奖	500
E00040	李聪	客服部	客服专员	工作突出奖	500
E00042	李湘怡	人力资源部	人力资源助理	工作突出奖	500
E00045	陈昕昕	客服部	客服专员	工作突出奖	500
E00046	张承德	生产部	生产工人	工作突出奖	500
E00049	王超	客服部	客服专员	工作突出奖	500

清晰的数据源

在这样精细清晰的数据源的基础上，肖敏可以很直接地用筛选功能查看各个部门和各个奖金类别的信息，甚至能很快地用数据透视的方法或直接用公式做出数据统计，以便发送给更高级别的负责人进行整体奖金的审批。

 涨知识

神奇的数据透视

Excel 的数据透视功能非常贴心地为我们准备了便捷的信息交互汇总和清晰即时的数据看板展示，成为数据统计功能中的"神器"。自从学会了数据透视之后，肖敏再也不用面对一堆表格数据发愁了。

肖敏用鼠标选中自己仔细整理出来的奖金明细表格中的内容，单击"插入－数据透视表"，如下图所示。

插入－数据透视表

在弹出的"创建数据透视表"对话框中进行简单的设置操作：

【选择一个表或区域】：这里需要选择的是我们的数据源范围，肖敏在插入数据透视表前已经选中了奖金明细表格中的内容。因此，Excel 会自动识别和设置好这个范围。如果在插入前没有选中数据源，也可在此位置进行设置。

【选择放置数据透视表的位置】：如果选择"新工作表"，Excel 则会自动新建一个工作簿（sheet）用来显示数据透视内容及操作选项。肖敏考虑到这次的数据源较少，需要统计的内容也不多，她希望透视结果跟数据源并列显示，即显示在 H1 的位置。因此，她选择了"现有工作表"，

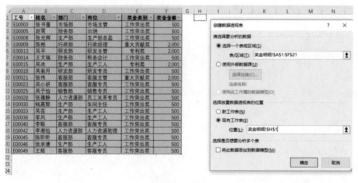

透视表设置

并在"位置"中直接设置了H1。

设置完成点击"确定"后,右侧将会出现字段操作界面,在这里进行字段设置后,H1的位置将会看到数据透视表的结果展示。

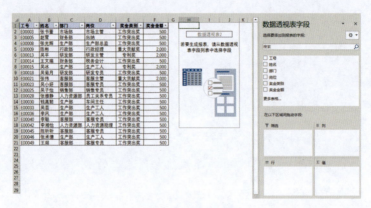

数据透视结果展示

肖敏想要从以下三个维度分别统计一下这次奖金的发放情况。

(1)按奖金类别统计

直接在右侧的操作界面中,将"奖金类别"拖拽至"行"区域,将"工号"和"奖金金额"拖拽至"值"区域,完成设置后,表格H1的位置会直接显示统计结果,即每类奖项的人数及金额总计。

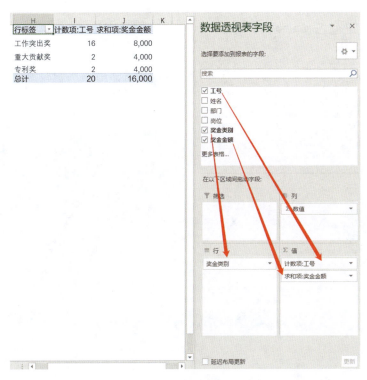

按奖金类别统计

（2）按部门统计

在右侧的操作界面中，将"部门"拖拽至"行"区域，将"工号"和"奖金金额"拖拽至"值"区域，完成设置后，表格H1的位置会直接显示统计结果，即各个部门的人数及金额总计。

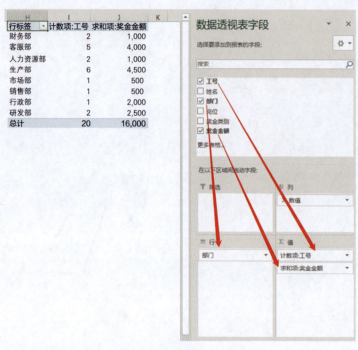

按部门统计

（3）按部门和奖金类别综合统计

既按部门又按奖金类别统计，只需要在"按部门统计"的设置基础上，在右侧的操作界面中，将"奖金类别"拖拽至"行"区域即可，完成设置后，表格H1的位置会直接显示各个部门和各个奖金类别的人数及金额统计结果。

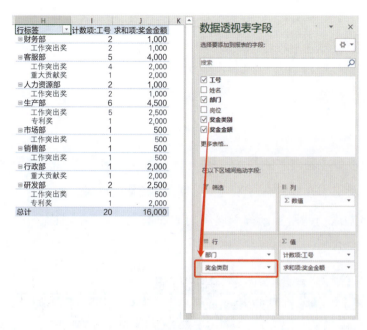

综合统计

统计完奖金数据，肖敏需要开始统计考勤信息了。在前几天，她已经提前向各个部门助理发送了各部门的员工打卡信息及休假情况。今天大家都已经将各自部门的考勤数据进行了确认和审批。

为了让考勤数据更方便统计并与薪酬管理对接，肖敏习惯让考勤表尽可能地详细、清晰，根据内容可以划分为：基础信息、出勤统计及考勤详情。

考勤表

【基础信息】：主要包含员工个人基本信息，如工号、姓名、在职状态、部门、岗位、入离职时间等，还包括考勤周期，用于区分不同周期的数据，并参与出勤统计的计算。

基础信息

工号	姓名	考勤周期	状态	部门	岗位	入职日期	离职日期
E00001	吴怡畅	2021年6月	在职	人力资源部	人力资源经理	2015/9/17	
E00002	张雅韵	2021年6月	在职	市场部	市场经理	2015/8/21	
E00003	张书蕾	2021年6月	在职	市场部	市场主管	2019/1/2	
E00004	张珠玉	2021年6月	在职	财务部	财务经理	2020/11/6	
E00005	赵雪	2021年6月	离职	财务部	出纳	2016/5/17	2021/6/10
E00006	张天	2021年6月	离职	销售部	销售总监	2016/9/28	2021/6/16
E00007	吴子瑜	2021年6月	在职	销售部	销售专员	2021/6/6	
E00008	张光辉	2021年6月	在职	生产部	生产部总监	2021/6/20	
E00009	陈彬	2021年6月	在职	行政部	行政经理	2015/9/9	
E00010	李江雪	2021年6月	在职	研发部	研发部总监	2019/2/18	
E00011	王伟	2021年6月	在职	研发部	研发经理	2017/7/21	
E00012	赵红	2021年6月	在职	人力资源部	薪酬专家	2018/5/13	
E00013	吴平	2021年6月	在职	研发部	研发主管	2020/9/6	
E00014	王文瑞	2021年6月	在职	财务部	税务会计	2021/1/1	
E00015	吴冰	2021年6月	在职	生产部	生产工人	2019/12/2	
E00016	张宇达	2021年6月	在职	行政部	前台	2018/2/25	
E00017	赵经纶	2021年6月	在职	销售部	销售经理	2020/11/22	
E00018	吴菊月	2021年6月	在职	研发部	研发专员	2019/6/4	
E00019	赵洲	2021年6月	在职	研发部	研发专员	2018/6/23	

基础信息

【出勤统计】：主要是关于出勤信息的相关统计，如该考勤周期的总计薪天数、法定节假日天数、员工在职计薪天数和实际出勤天数等。

出勤统计				
当月计薪天数	在职法定节假日天数	在职计薪天数	实际出勤天数	餐补天数
22	1	22	21	21
22	1	22	22	22
22	1	22	22	22
22	1	22	22	22
22	0	8	8	8
22	1	12	12	12
22	1	18	18	18
22	0	8	8	8
22	1	22	22	22
22	1	22	20	20
22	1	22	22	22
22	1	22	22	22
22	1	22	17	17
22	1	22	22	22
22	1	22	22	22
22	1	22	22	22
22	1	22	22	22
22	1	22	22	22

出勤统计

【考勤详情】：这里记录了每个员工的详细考勤信息，如出差情况、各个假别的请假情况和加班数据等。

考勤详情											
出差	事假	病假	旷工	婚假	丧假	产假	陪产假	产检假	年假	平时加班（小时）	周末加班	节假日加班
	1											
										2		
											1	
		2										
									5			

出勤统计及考勤详情

> **涨知识**

出勤统计的方法

出勤统计中包含的主要是汇总数据，从全月的维度来统计员工整体的出勤情况，这些数据在工资计算中主要用来计算当月基本工资和补助等信息。

以2021年6月为例，6月14日为法定节假日（端午节），以下分别计算各个口径数据。

基础信息							出勤统计			
工号	姓名	考勤周期	状态	部门	岗位	入职日期	离职日期	当月计薪天数	在职法定节假日天数	在职计薪天数	实际出勤天数	餐补天数
E00001	吴怡畅	2021年6月	在职	人力资源部	人力资源经理	2015/9/17		22	1	22	21	21
E00002	张雅韵	2021年6月	在职	市场部	市场经理	2015/8/21		22	1	22	22	22
E00003	张书蕾	2021年6月	在职	市场部	市场主管	2019/1/2		22	1	22	22	22
E00004	张珠玉	2021年6月	在职	财务部	财务经理	2020/1/8		22	1	22	22	22
E00005	赵雪	2021年6月	离职	财务部	出纳	2016/6/17	2021/6/10	22	0	8	8	8
E00006	张天	2021年6月	离职	销售部	销售总监	2016/9/28	2021/6/16	22	1	12	12	12
E00007	吴子瑜	2021年6月	在职	销售部	销售专员	2021/6/6		22	1	18	18	18
E00008	张光辉	2021年6月	在职	生产部	生产部总监	2021/6/20		22	0	8	8	8
E00009	陈彬	2021年6月	在职	行政部	行政经理	2019/9/9		22	1	22	22	22
E00010	李江雪	2021年6月	在职	研发部	研发部总监	2019/2/18		22	1	22	20	20
E00011	王伟	2021年6月	在职	研发部	研发经理	2017/7/21		22	1	22	22	22
E00012	赵红	2021年6月	在职	人力资源部	薪酬专家	2018/5/13		22	1	22	22	22
E00013	赵平	2021年6月	在职	研发部	研发主管	2020/9/6		22	1	22	22	22
E00014	王艾璐	2021年6月	在职	财务部	税务会计	2021/1/1		22	1	22	17	17
E00015	吴冰	2021年6月	在职	生产部	生产工人	2019/12/2		22	1	22	22	22
E00016	张宇达	2021年6月	在职	行政部	前台	2018/2/25		22	1	22	22	22
E00017	赵聆伦	2021年6月	在职	销售部	销售经理	2020/11/22		22	1	22	22	22
E00018	吴菊月	2021年6月	在职	研发部	研发专员	2019/8/4		22	1	22	22	22
E00019	赵洲	2021年6月	在职	研发部	研发专员	2018/6/23		22	1	22	22	22

出勤统计

【**当月计薪天数**】：在不考虑员工个人入离职、休假情况的前提下，计算全月计薪天数。一般情况下，全月计薪天数等于全月工作日的天数。

需要注意的是，法定节假日属于计薪日，不属于工作日。因此，在计算计薪天数时需要把国家规定的法定节假日及期间倒休天数进行特殊处理。在计算两个日期中间有多少实际工作日的时候，肖敏习惯用 Excel 中的工作日计算公式：NETWORKDAYS。用自然语言来解释这个公式就是：NETWORKDAYS（开始日期，结束日期，[某个具体假期日期]）。

"开始日期"和"结束日期"是必须要输入的；"某个具体假期日期"是选填参数，在此处将假期日期填入后，公式会自动将该日期从工作日中刨除。

在这里，由于我们需要计算的是当月计薪天数，而当月计薪天数应当包含法定节假日，所以"某个具体假期日期"可以直接忽略不填，即 2021 年 6 月计薪天数计算公式为：NETWORKDAYS（DATE（2021,6,1），DATE（2021,6,30））。可得出结果为 22 天。

【在职法定节假日天数】：对于全月在职的人员来说，6 月大家都有 1 天法定节假日（6 月 14 日端午节），当天带薪且不需要出勤，而对于当月入 / 离职的人员就未必如此了。如果入职时间在端午假期之后，或离职时间在端午假期之前，则 6 月 14 日不带薪；反之，如果入职时间在端午假期之前，或离职时间在端午假期之后，则 6 月 14 日带薪。我们可以通过手动记录或用条件判断的公式对在职法定节假日天数进行计算。

【在职计薪天数】：这是每名员工当月实际需要发薪的天数，这个字段的内容与员工的入/离职时间和在职法定节假日天数相关，可通过 NETWORKDAYS 进行计算。

【实际出勤天数】：这是员工当月实际出勤的天数，一般实际出勤天数会作为各项补贴（如餐补、交通补贴等）计算的依据。由于法定节假日（不加班的前提下）不需要员工出勤，则实际出勤天数不含在职法定节假日天数，同时须除去员工各项休假的天数。

先填写完各项假期数据，再计算出以上信息，这便是一个完整的考勤统计表了。不论是考勤信息的记录还是薪酬核算，我们都应做充分的准备。

02 数据统计要科学又实用

除了日常统计一些数据之外，肖敏还会定期将人力资源相关的所有数据进行统计和分析，以此为据剖析数据背后的原因及公司管理中的问题，并帮助公司和部门及时做出决策和改进。

为此，肖敏特意学习了统计学的知识，然后结合自己实际工作需要,整理出工作中常用的数据统计方法,如下所述。

(1)简单计算

有些数据只需要简单的运算或提取,就可以表达出数据的含义和结论,这是最为简单直接的统计技巧。

常用的简单计算统计包括:总计、平均值、最大/小值、中位数等。在人力资源统计中表现为:总人数、平均工资、薪酬中位数等。

(2)对比分析

如字面意思,这类统计需要经过计算之后通过与其他数据对比,找出差异,分析原因。

对比分析大致可从以下方面进行。

①不同时间对比:如同上一周期对比或同往年对比,即环比或同比;在人力资源统计中表现为各月人数增减对比、工资总额/人均工资各月增减对比等。

②不同范围对比:公司数据与外部数据、对标公司数据对比,各个部门对比、各级别对比等;在人力资源统计中表现为各部门人均工资对比、各职级离职人数占比等。

③不同类型对比:将数据按照一定的特征和标准分为

不同类型后进行相互对比分析,最常见的如公司人员不同性别占比对比、司龄对比、年龄对比、学历对比等。

④与某个基准数据对比:选定某个基准值,进行差异分析,如预算差异分析、实际薪酬与薪资指导线对比等。

(3)回归分析

当数据量较大时,通过回归分析可以确定变量之间的关系。在薪酬管理中,通过回归分析可以分析人员级别与人员薪资的关系、公司人数与人工成本之间的关系等(本书将在第三章详细解读利用回归分析建立薪酬架构)。

按内容来划分,人力资源数据分析大体可分为以下三个类型:

(1)基础数据分析

这个部分通常是公司人力资源相关的基本信息。

①整体人数

总人数:体现公司整体规模,需要与公司的整体人力规划进行对比和分析,回顾与规划内容的差异及其原因,同时也需要进行环比或同比分析,用以查看公司规模的变化情况。

各个部门人数及占比：体现各个部门劳动力分配的情况，必要时可对相关部门的人数配比进行同比或环比分析，也可与市场上其他公司的人数配比进行对比自查。

② 人员结构

各个级别人数及占比：可以检查公司的人才库是否与公司未来的发展相匹配，诊断人才梯队是否出现断档或过于集中。

不同性别/学历/年龄人数及占比：一般来说，员工的性别/学历/年龄占比与公司的行业和业务息息相关，各项数据的占比应符合企业的需求。

③ 人员异动

人员异动包括入职、离职和调动的信息，同时在异动数据中，也可以进行各个部门、各个结构、同比或环比等对比分析；

对比分析时需要注意每一个数据背后的含义及其原因，不存在某个数据绝对的大或小，数据背后的原因才是我们需要重点关注的方面。

例如，在对离职数据进行分析的过程中，离职率低是件好事，但持续稳定、过低的离职率却未必是好消息。我们需要分析低的原因：例如，是因为员工真正看到了公司的前景和发展，并在公司实现了自己的价值，还是因为员工工作中压力太小，工作安稳舒适？公司的薪酬标准是否过高？在为数不多的离职人员中，是否有公司核心的、关键的、且不想流失的员工？公司为什么没能留住优秀的人才？而是否有一些能力和贡献长期一般的人员一直没有离职的意愿？离职员工中是老员工多还是新员工多？如果老员工离职较多，要考虑公司是否给了老员工足够的重视和发展机会？如果新员工离职较多，则需要关注公司在信任融入过程中是否营造了较好的工作环境？等等。

这些数据背后的反思，才是基础数据分析和人力资源部门存在的价值；在分析之后形成的结论和改进建议，才是企业长期发展的基础。

（2）人力成本及人效分析

①人力成本分析

人力成本包括人员税前工资及社保公积金的公司承担部分，而如果统计分析更全面一些，以及在数据足够清晰和可获取的情况下，我们也建议将各项其他福利（如团建、补充医疗保险、体检等）开支都进行统计。

人力成本分析一般也会包括分部门、级别及各个时间维度的对比分析，除了总量分析，还会进行人均数据的分析。如果期初或年初进行过预算测算，还需要与预算进行对比分析，查找差异的原因。

②人效分析

人效分析一般需要结合人力数据及公司财务数据，统计人均产值、人均利润、人力成本占公司总成本的比例、人力成本的利润效率等。结合同比或环比数据，分析出公司人力的产出是否与公司期望一致；通过回归分析，对人效情况进行相关预测和预警。

（3）薪酬诊断分析

薪酬诊断分析一般包括内外部的分析，本书第五章会详细进行说明。

03 邮件合并让数据轻松分发

每个月的发薪日，总是大家特别开心的时候。肖敏除了小心谨慎地计算员工工资之外，还要把每一名员工的工资单整理好。好在 Excel 就能实现邮件发送工资条的功能，而且简单易上手。

首先，肖敏需要提前准备一下，这涉及 Office 软件三兄弟：Excel、Word 和 Outlook。

准备一个 Excel 表格，把工资条中需要展现的信息都整理好。如果原工资表中有公式，或有数值等格式的数据，那么建议将表格中所有内容统一调整为文本格式，否则将可能出现即使表中的数据是保留了两位小数的正确数据，一旦进入邮件发送的时候，员工收到的数据会带着异常的"尾巴"，如下图所示。

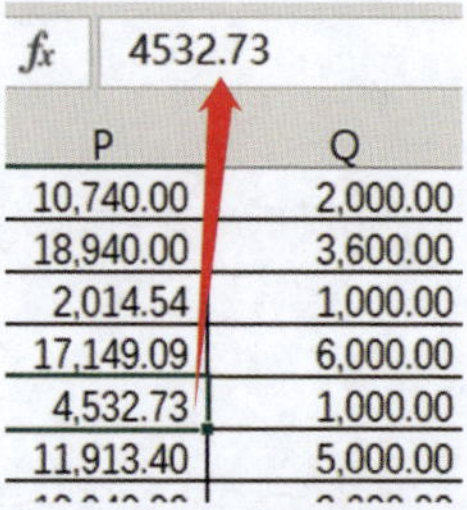

表格中的数据

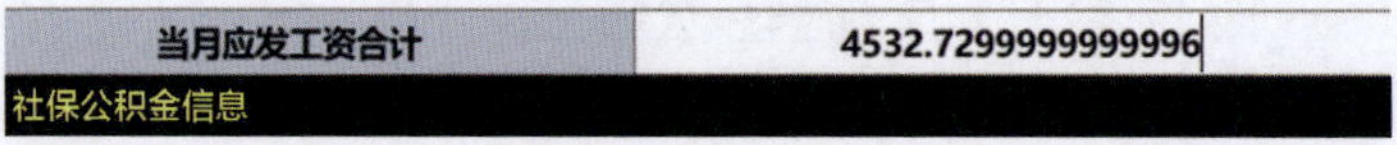

邮件中显示的数据

准备好 Excel 数据之后，还须准备一个 Word 文档，在文档中把需要员工看到的工资明细模板、信息和格式设计好。肖敏担心同事们看起来吃力，特意对各个类型的数据进行了分类，如下图所示。

您好：

下列是您 2021 年 6 月工资明细，请您知悉。

基本信息			
员工编码		姓名		部门	
工资信息			
工资所属期		工资标准	
基本工资		餐补	
津贴		事假扣款	
病假扣款		加班费	
当月应发工资合计			
社保公积金信息			
社保公积金（个人）		社保公积金（公司）	
个税实发信息			
专项附加扣除			
当月个税			
当月实发工资			

感谢您对公司发展付出的辛勤劳动！

工资条内容保密，请勿外泄！

如有其他问题，请直接在此邮件基础上回复或联系肖敏。谢谢！

工资明细模板

在 Excel 中准备好员工的工资、姓名等基本信息，在 Word 中准备好标准工资单模板，接下来就需要 Outlook 隆重登场了。

Outlook 是邮件接收和发送的软件，安装完成连接和登录自己的工作邮箱就可以了，在这里不再详细说明。

准备完 Office 三兄弟，接下来肖敏就开始进行邮件合并的操作了。整个过程概括来说就是用 Excel 和 Word 的语言，将 Excel 表格中的信息导入 Word 模板中，再通过 Word 和 Outlook 的语言，将 Word 中的内容通过邮件形式发送出去。

（1）首先，打开准备好的工资表 Excel 表格，在后续的操作中也需要一直保持这个表格是打开的状态。

（2）然后，打开工资单 Word 模板，在菜单栏中选择"邮件 – 选择收件人 – 使用现有列表"，找到已准备好的 Excel 表格。

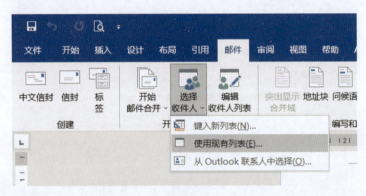

找到表格

（3）在"编辑收件人列表"中选择收件人，可以全选，也可以选择部分人。

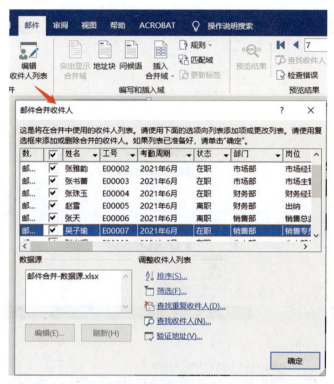

编辑收件人列表

(4)接下来,通过"插入合并域"将每个数据插入到对应的位置。

此步骤需要添加姓名,在对应位置单击鼠标,鼠标光标闪烁时,点击"插入合并域",出现的列表为 Excel 表中对应的表头,此时选择"姓名",在 Word 中会出现"《姓名》"字样,这样就将表格中的信息成功导入了。

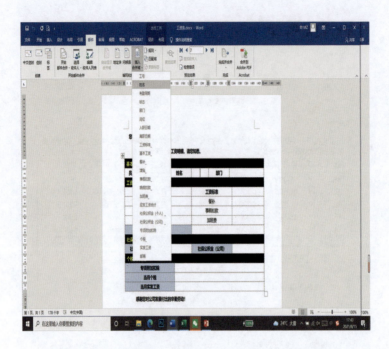

导入信息

（5）在每个需要显示数据的位置进行数据插入之后，就完成了数据部分的设置，这时点击"预览结果"即可查看数据导入的情况，也可以检查一下是否有异常的数据出现。

点击"预览结果"右侧的小箭头可查看前后数据，这里的先后顺序与 Excel 表里的数据完全一致。

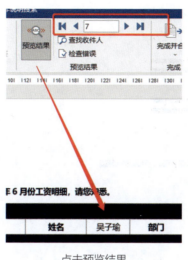

点击预览结果

（6）现在我们可以进入最后一步了——发送邮件。选择"完成并合并 – 发送电子邮件"，在弹出的对话框中，收件人选择邮箱的对应字段，主题行的内容即为发出邮件的标题，最后在"发送记录"中选择需要发送的范围。如果选择"全部"则针对 Excel 表中所有人员进行邮件发送，选择"当前记录"则针对 Word 文件中当前预览的人员进行发送，也可选择"从……到……"针对特定的范围进行发送。需要注意的是，如果在步骤（3）中已经对"收件人列表"进行了选择，这里的发送范围会在"收件人列表"的前提下进行处理。最后点击确定（保持 Outlook 为打开并连接网络的状态），待邮件发送完成即可。

 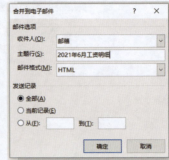

发送邮件

涨知识

表格中的数据"文本化"

很多同学都遇到过这样一个困扰，一旦在表格中直接操作"全选－单元格格式－文本"，会有很多需要特殊格式记录的信息就不再按照特定的格式显示了，例如日期格式直接显示为文本格式，如下图所示。

还有一个困扰是直接把数值格式的信息改为文本格式后，在邮件合并中仍然会出现"尾巴"。

那么，如何将 Excel 中的数据彻底"文本化"呢？

步骤一：在表格中利用"Ctrl+A"快捷键组合全选表格内容，再利用"Ctrl+C"复制全部选中内容。

步骤二：新建一个文本文档并打开，利用"Ctrl+V"快捷键组合粘贴全部复制的内容，再利用"Ctrl+A"全选文本文档中的内容，再次使用"Ctrl+C"复制全部选中内容。

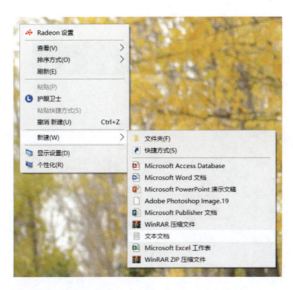

彻底"文本化"

步骤三：回到 Excel 表格，使用"Ctrl+A"全选表格内容后，将单元格格式调整为文本格式。

步骤四：在表格开始的位置，点击"鼠标右键－粘贴选项－只保留文本"。

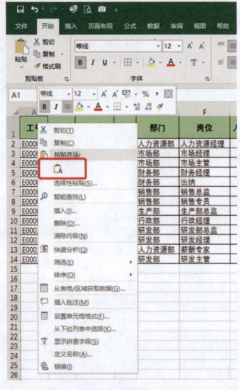

只保留文本

经过以上的处理，邮件合并就再也不会出现数据失真的情况了。

附：本章内容脑图

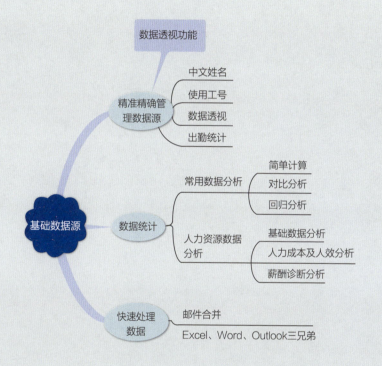

第二章

做一套漂亮的薪酬架构

华灯初上，夜幕渐渐笼罩了这座繁忙的城市。忙碌了一天的肖敏，站在公司写字楼的落地窗前，静静欣赏着窗外环路上的缓行车龙。她突然发现每一个刹车灯连接起来的景象，配上环路两侧的路灯，简直就像是一个薪酬架构中的各个工资数值。

肖敏开始整理自己的思路，把这几天老板交代的事情串联起来，力图形成完整的信息链：老板需要她开始制定公司的基本月薪架构。

此前，听了老板的介绍之后，肖敏觉得制定一个基本月薪架构，在技术层面她并不担心；她觉得难点是需要把公司管理文化、薪酬战略、薪酬哲学方面中很多的东西转化到薪酬架构中，并最终确保在未来的实际操作中体现应有的效果。举例来说，如果在公司的薪酬战略里明确指出：

希望给高层级管理人员支付更有竞争力的工资,那么在薪酬架构设计的时候就要有意识地提高这些层级的薪酬区间;或者有意识地调整高层级管理人员的薪酬外部市场对应指标;进一步来讲,还要在未来的薪酬调整中,适当地给高级别职位增加一些预算。

01 必须厘清的管理理念

趁着办公室环境比较安静,肖敏梳理了一下最近几天老板零零碎碎交代的话,再加上自己对公司相关制度的理解,这些信息在她脑海里逐步汇到一起,慢慢形成了薪酬架构设计的方向。

在此,为了简化叙事的内容,我们把肖敏和老板讨论的问题、老板的回应、老板给出的具体行动建议,以及需要进一步澄清的问题,统一放在下表中。

表 3-1 把管理语言转化为薪酬架构建立语言

项目	主要内容
讨论的问题1	公司整体业务的发展情况,以及当前公司员工主要分布的城市和区域有什么特点

（续）

项目	主要内容
老板如是说……	公司在中国运营十多年了，主要业务是大型机电设备的销售工作。公司位于北京，大多数员工基本都集中在北京。随着中国经济的腾飞，市场细分的颗粒度越来越小。近几年，公司业务主要是通过保住大城市，同时向中小城市渗透的模式来拓展销售渠道，提高销售收入
薪酬框架建立的策略	公司的办公地点在北京，大多数员工也基本都来自北京。考虑员工薪酬外部工资竞争力的时候，主要考察北京市场的薪酬数据 为此，应该购买北京城市薪酬报告，以此来澄清一下公司内部员工薪酬的外部竞争力问题 下一步需要澄清的问题：在公司内部不同业务部门之间，员工的薪酬状况是否有明显差异？不同业务是否会面对不同的人才市场？如果是的话，需要根据外部不同人才市场获取不同的市场数据
讨论的问题2	当前，公司是否有职位体系
老板如是说……	为了加强公司内部管理，公司在两年前引进某国际著名咨询公司的职位评估体系，搭建了自己的内部职位管理体系
薪酬框架建立的策略	公司已经建立了内部职位管理体系，有了职位层级的框架，那么薪酬结构就可以直接和职位体系关联 同时，为了日后能够把内部员工的薪酬和外部市场的薪酬进行比较，需要把内部职位级别体系和外部薪酬报告的级别体系对接 下一步，取得北京城市薪酬报告之后，需要把内部级别和外部级别进行匹配，然后把相应的薪酬水平关联起来
讨论的问题3	在建立薪酬体系的时候，需要参考外部市场的数据。那么，我们是否有明确的薪酬参照水平呢
老板如是说……	虽然公司并没有完整的薪酬框架，但是公司在每年薪酬调整时都会参考外部薪酬报告的水平，其标准基本上就是市场数据的中位数水平
薪酬框架建立的策略	在进行数据测算的时候，要看一下目前内部员工的薪酬和外部市场中位数水平的关系 根据实际情况考虑：薪酬架构的定位是不是应该定在市场数据的中位数，以及是否需要寻找另外的最佳定位点

（续）

项目	主要内容
讨论的问题 4	在薪酬架构建立过程中，是否有一些特殊的要求
老板如是说……	考虑近年来人才竞争压力日趋激烈，公司希望高级别人员和骨干员工的薪酬更具备市场竞争力
薪酬框架建立的策略	在设计薪酬架构的时候，非管理层职位以及一般职位的外部薪酬市场定位可以先采用市场中位数。管理层职位和骨干员工的薪酬定位需要在测算的时候，审视一下是否高于中位数水平。但是，最终具体采用什么水平（例如，采用 60 分位还是 75 分位或者其他分位），需要根据测算结果进行选择
讨论的问题 5	我们在建立薪酬架构的时候，具体用年度总现金制，还是用员工的基本月薪制来建立
老板如是说……	公司每年在进行年度薪酬调整的时候，都会参照员工年度总现金的收入和外部市场数据比较的情况
薪酬框架建立的策略	薪酬架构的建立，可以用年度总现金为基础来设定 但是为了日后操作简便，在日常使用层面，把年度总现金转化为基本月薪的架构模式。例如，业务经理一般习惯于用基本月薪来衡量员工的工资，招聘管理人员也习惯于用基本月薪来进行面试

把以上问题梳理清楚之后，肖敏满意地伸了伸懒腰。加入新公司已经几周了，她从各个角度逐步加深了对公司政策的理解。这些"体会"也是对公司组织文化、管理氛围等方面更深层次的理解。再加上和老板不断讨论，了解薪酬体系搭建的逻辑，肖敏已经逐步清楚了如何从 Excel 操作上入手。

虽然还没有开始着手去测算和搭建，但是对于薪酬体系的搭建工作，肖敏已经有所感触：影响体系搭建的一个重要因素就是让组织文化、组织战略能够在薪酬体系搭建中落地并有所体现；而不能简单地把 Excel 的技术"搬运"到新的管理实践中。

涨知识

外部市场数据的中位数是什么数

抛开复杂的数学解释，"中位数"是指有一串数字，把它们按照从小到大的顺序排列起来，形成一个数列，排在中间位置的数字就是中位数。这个数字在薪酬管理的实践中是最经常使用的，也叫 50 分位。

从企业管理实践来看，涉及公司薪酬管理战略和薪酬定位时，一般会采用分位数的概念。例如，很多公司在制定本公司薪酬福利定位的时候，都喜欢在外部人才市场薪酬中位数的基础上进行分析（为什么大家不喜欢平均数呢？相比中位数，平均数会受到某些特别大或者特别小的数值的影响，而与真实情况有较大的出入）。

在 Excel 里面，有两个公式可以计算中位数：MEDIAN 和 PERCENTILE。前者只能计算中位数，后者能计算任意分位数。

例如，有以下一组数字。

	A	B
1		年度总现金
2	1	450,000.00
3	2	230,000.00
4	3	123,000.00
5	4	223,000.00
6	5	345,000.00
7	6	156,000.00
8	7	158,932.00
9	8	678,342.00
10	9	784,561.00
11	10	956,371.00

示例

用 Excel 计算一个数列的分位数，不需要将这些数字按照某种顺序排列。以上组数字为例：

a. 如果计算中位数（50 分位数），可以使用这两个公式之一：=MEDIAN(B2:B11)=287,500

=PERCENTILE (B2:B11,0.5)=287,500

b. 如果计算 75 分位，可以使用这个公式：

= PERCENTILE(B2:B11,0.75)=621,256.50

需要注意的是，PERCENTILE 公式里面的那个参数应该是 0 和 1 之间的一个数字，这个数字就是大家希望计算出来的分位数。

总体来说，听了老板的介绍之后，肖敏还是比较开心的。

公司业务在中国开展得比较早，从而占据了可观的市场份额。虽然随着互联网企业的迅猛崛起，公司业务受到很大冲击，但是凭借强大的外部渠道管理以及完善的内部制度管理，公司在激烈的市场竞争中始终占有一席之地。同时，公司一直重视员工的发展、组织文化建设并强调人文关怀，这不仅体现在薪酬福利上，还体现在员工的职业发展、工作生活的平衡上，等等。

为此，肖敏决定在设计薪酬架构的时候，首先，要确保架构的水平和目前员工的薪酬实际数字比较接近；其次，无须特别激进地把薪酬结构大幅调整；最后，还需要在确保以内部公平为主体标准的同时，兼顾外部竞争。为了更加明确未来薪酬架构的设计，肖敏约了老板，希望把自己分析总结的内容和老板做进一步澄清。

我们把两人讨论的话题，总结在下表中。

表 3-2　薪酬架构建立中澄清的问题

待澄清的问题	老板的回答	接下来的行动
公司业务比较专一，并且工作人员基本都在北京。是否需要针对不同的人员，按照销售和非销售岗位设计不同的薪酬架构	目前，公司不同业务部门人员的奖金结构是一样的，但是奖金所占比例不一样。是不是按照销售、非销售岗位来设计不同的架构，需要看看他们各自的实际工资水平以及销售岗位工资是否和外部市场上的工资水平有差距来决定	在薪酬架构设计之前，应明确销售与非销售人员之间薪酬差距有多大 这个差异要从内部和外部数据两个方面同时来看

（续）

待澄清的问题	老板的回答	接下来的行动
公司人员主要集中在北京，在获取外部薪酬数据的时候，是否需要有一定的行业特点	公司人员的来源，主要都是该行业的从业者。因此，外部薪酬数据最好要参考北京市本行业的数据	在外部薪酬数据的选取过程中，首先寻找北京市本行业的薪酬报告
不同业务部门之间是否经常有内部员工的跨业务部门调动	公司鼓励员工在不同业务部门之间流动，以此来丰富员工的工作经验	在设计架构的时候，首先考察全体员工的薪酬趋势；其次明确销售与非销售人员工资的差距。如果要在不同的职能领域设定不同的薪酬体系，这就意味着在员工进行跨部门流动时，需要考虑不同的薪酬体系。因此，如果不同职能部门之间的薪酬没有明显差异，那么就采用一个薪酬架构
在最终的薪酬架构中，是采用年度总现金制还是基本月薪制？这两者的区别在于后者更容易操作	设计好的薪酬结构，最终的使用者除了薪酬部门还有招聘人员。因此，体现为基本月薪会比较容易操作	薪酬架构最终会依据职位级别，按照基本月薪制来搭建

02 必须要走的搭建步骤

肖敏心里越来越有谱了。她把收集的相关材料放在一起，制定了一个工作流程表（表3-3）；待老板审阅之后就可以开始具体操作了。

表 3-3 薪酬体系建立流程表

工作步骤	具体内容	产出结果
收集公司内外部基础数据	制定模板，收集各个业务模块人员的基本信息根据公司业务所在行业，购买外部薪酬报告	所有员工薪酬基本信息汇总，将内部级别和外部市场级别进行匹配，同时获取外部市场的工资数据
员工薪酬数据的内部公平性分析	测算全体员工薪酬的内部公平性情况	员工薪酬内部公平性分析报告，查看一下不同部门员工的薪酬水平是否具有明显差距
员工薪酬数据的外部竞争力分析	参照外部市场薪酬数据，分析员工薪酬外部市场竞争力	薪酬外部竞争力分析报告，测算员工工资在外部市场的竞争力
薪酬架构设计	参照内外部数据，以及公司薪酬哲学，设计薪酬架构	寻找薪酬架构的中点值，并根据年度总现金制定完整的薪酬架构，然后转化为基本月薪的模式
薪酬架构汇报	制定薪酬架构	汇报各个薪酬架构的设计结果情况

肖敏向老板汇报了这个工作计划。老板建议在工作表中增加相关具体工作责任人，以及工作时间进度。肖敏感到很欣慰，现在终于可以按照工作计划开始具体的操作了，展示她 Excel 技巧的时候到了。

03 必须力挺的 Excel 技术

今天早上天气格外好。虽然接近晚秋，但是并没有凛冽的寒风。这个时候城市的景色最美。

不过肖敏可没有欣赏秋色的雅兴,因为她已经开始着手制定公司的薪酬架构了。她知道这将成为公司薪酬管理工作非常核心的文件之一,必须全身心投入才行。

打开 Excel,她开始构思有哪些基本信息是自己在接下来的数据分析里需要的,如下表所示。

表3-4 薪酬体系搭建需要信息汇总

信息类别	具体内容	目的
员工基本信息	员工工号、姓名、性别、出生日期	对于薪酬管理人员来说,掌握员工工号比员工的姓名更重要 员工性别、出生日期等信息可以方便日后做其他分析时使用,例如"薪酬水平是否有性别差距""薪酬水平和工龄、年龄之间的联系",等等
员工工作信息	入职日期、职位级别、工作城市、所属部门、职位名称	职位级别是薪酬架构设计的关键要素,需要提供员工最新的职位级别情况 所属部门、职位名称主要是为了在建立架构的时候,可以把不同职位的员工按照某个职位族群来分类 获取工作城市的信息是为了按照不同城市的发展水平,将工作城市划分为一、二、三类。需要特别注意的是:如果是异地派遣员工,需要填写原来派出的工作城市信息
员工薪酬信息	基本月薪、是否有13薪、月度固定津贴、非常规津贴(不是每月都发放的津贴,例如防暑降温费、取暖费)、目标奖金	根据全面收集的信息,本公司在设计薪酬架构时,希望用年度总现金为基础来设计。同时,考虑到不同部门员工目前的薪酬结构可能会不同,因此,员工薪酬信息收集的主要方向就是计算出目标年度总现金(注意:这里是目标总现金,不是当前或者上年度的实际发放金额) 对于有些津贴不是每个月都固定发放的情况,需要说明发放几个月 对于薪酬管理人员来说,在统计分析薪酬数据的时候,一般均采用税前金额

明确了这些内容之后，设计一个表格就显得非常容易了。肖敏很快就设计好了 Excel 表格的表头，如下图所示。

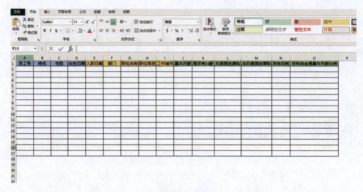

基本信息收集表

很多人会做这样一个表格，然后发送给相关负责工资发放的同事，去收集信息。当然，为了方便相关同事填写这个表格，有的薪酬管理人员会把表头里面不同类别的信息标记上不同的颜色；也有的会在 Excel 里面选择"视图"→"网格线"。把原有的 Excel 网格线除去，自己添加不同的边框。这些做法都是为了让填表的同事更加清楚需要填写的内容。

但实际上，功能强大的 Excel 早就有非常"智能"的表格设计工具。肖敏在表格做好之后，直接进入设计的"区域"一键转换为"表"之后，发给了相关的人员。

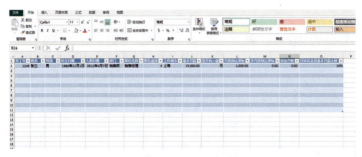

转化为"表"之后的收集表

如何实现一键套用表格格式呢？请参考如下案例。

涨知识

教你用真正的"表"

我们每天会设计、使用很多表。但是，多数人实际上每天操作的表，在 Excel 看来都不是真正意义上的"表"，而是"区域"。"表"有很多令人意想不到的功能，在此仅简要介绍一些基本功能。

肖敏在设计好表头的内容之后，没有进行添加颜色之类的动作，而是做了如下操作：选中表头的任意一个有内容的单元格，然后点击"开始"→"套用表格格式"，即可在弹出的表格样子里面选择自己喜欢的模板。

在选择喜欢的颜色格式的时候，需要注意一个小细节：如果原来的表格已经自己设置了颜色，想要继续保留，直接用鼠标点击选中的样式即可；但如果想要清除以往设置的颜色，直接使用样式中的颜色，可以用鼠标右键来点击相应的颜色，在弹出的对话框中选择"应用并清除格式"，就会把原来设计好的"区域"的颜色清除并应用新的颜色。

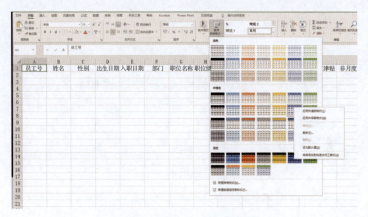

"区域"转化为"表"的操作

然后，在弹出的对话框中，选择"表包含标题"，点击"确定"。此时就会发现这就是肖敏发出去的那个表格了。

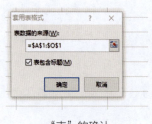

"表"的确认

这样做出来的表是真正意义上 Excel "认可"的"表"。这样的表具备很多我们平常制作的表（实际上被 Excel "认可"为区域）所不能实现的功能。而且，非常有意思的是，这些功能必须在选中"表"内任意一个单元格之后才会出现。

何以见得？

我们还用刚才肖敏做的表格为例。选中"表"内任意一个单元格，在工作表的最上面出现一个"表格工具设计"的选项；而选中普通的区域，就不会出现这个选项（补充一个小秘密：使用 Word、PPT 制作表格时，如果转化为"表"的模式，同样会出现"表格工具设计布局"的选项）。

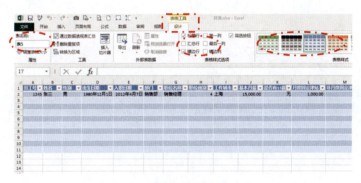

"表"的特征

"表"里面有很多功能非常好用，以下给大家简单举例。

（1）随着输入数据的行数增加，表格是自动扩展的。

单元格的格式、设置、公式可自动扩展到新的范围内，不用手动填充公式。

（2）选中表的任意一个单元格，向下滚动页面就会发现标题行始终显示在最上面（当然，这个时候原来能看到列的名称 A/B/C/D……，现在被标题行取代了）。

（3）可以给表设置名字，便于操作。例如，做 VLOOKUP 操作的时候，不用再选择区域，直接输入表的名称即可。

（4）可以用汇总行来自动汇总。自动汇总的结果在表格的最后一行出现。此外，可以根据自己的需求进行相应的计算，比如列计数、列平均值、列求和，等等。

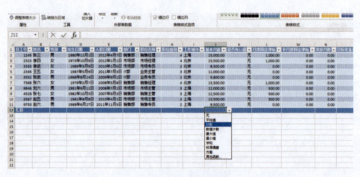

"表"的汇总功能

（5）可以利用表头的筛选功能选择自己需要的内容，然后就会惊奇地发现表格最后一行的汇总结果也是跟随筛选结果自动更新运算的。

（6）进行"数据透视表"操作的时候，选中表的任意单元格，然后直接选择"插入"→"数据透视表"。你会发现，原来在普通表格里操作时经常出现的"空白"没有了，并且不需要你选择任何区域；更为神奇的是，如果你增加、删除、修改数据后，再回到"数据透视表"，右键点击"刷新"，所有内容即可自动更新。

转眼间，一周的时间过去了。肖敏根据历史文件汇总出了公司所有的薪酬数据。需要注意的是，在完成任何一个表格之后，要做的第一件事就是要把表格里面的数字检查一下，看看是否存在"违规"的数字。确认之后才能把它们汇总在一个表格里，正式开始自己的工作。

涨知识

哪些数据容易"违规"

所谓的"违规"，实际上就是说我们自己设计好的表格在发给其他人填写内容之后，或者引用其他人整理的数据后，可能会出现某些格式上的问题，造成后期表格的统计运算产生一些不可预知的问题。

需要重点检查的可能出现"违规"的地方如下表所示。

表 3-5 容易"违规"情况汇总

"违规"现象	处理建议
员工的姓名中间可能存在若干空格。因此,如果用姓名去做 VLOOKUP 分析就可能因为"看不见"的空格造成数据关联出错	尽量不用中文进行 VLOOKUP 处理 用 TRIM 公式删除字符串首尾的空白,但会保留字符串内部作为词与词之间分隔的空格 用整理后的员工工号做 VLOOKUP 分析
员工工号的格式不统一	如果仅仅是调整单元格属性,很多时候无法调整为数值格式 在员工工号所在列旁边增加新列,采用 VALUE 公式,将员工工号调整为数值格式(具体做法参见第六章内容) 或增加新列,然后在原来员工工号旁边的单元格输入"=--",用两个减号把其他格式的"数字"调整为数值格式
显示的日期并非日期格式	采用 YEAR/MONTH/DAY 等日期公式调整

整理好数据后,肖敏已经在脑海中清楚地勾勒出目标薪酬架构,如下图所示。

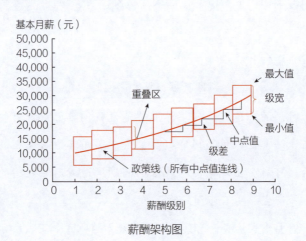

薪酬架构图

（1）横轴一般都是薪酬的级别。

（2）纵轴一般都是基本月薪。

（3）每一个级别的薪酬都由最小值、中点值、最大值构成。

（4）每一个级别的薪酬和相邻级别之间都有一定的重叠。

（5）每一个级别最大值和最小值之间的差距为级宽。

（6）每两个相邻级别中点值之间的差距为级差。

为了做成这样的薪酬架构，肖敏开始把收集来的数据进行测算，找到最佳的方案（具体操作请参见下表）。

表3-6　薪酬架构建立细节

目的	Excel操作
员工薪酬内部公平性分析	利用Excel的回归分析（或者平均数分析）获得不同层级不同部门的薪酬公平性分析结果
员工薪酬外部竞争性分析	员工内部薪酬和外部薪酬比较，分析外部竞争力差距
薪酬政策线测算	员工薪酬政策线的确定，每个层级最大值、最小值的确定
薪酬架构汇报	建立完整的薪酬架构并汇报获得批准

1. 员工薪酬内部公平性分析

薪酬内部公平性分析主要是分析当前公司内部员工的薪酬水平在不同部门、不同级别之间的分布状况。

具体的操作步骤为：

（1）根据公司员工年度总现金（即年度总收入）的内容，计算所有员工目标年度总现金。

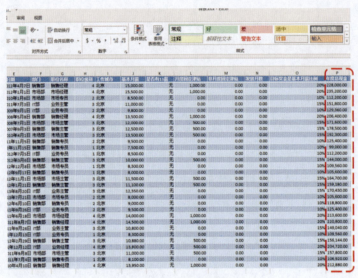

计算员工年度总现金

（2）根据员工的级别和年度总现金，在 Excel 里面建立散点图。选择表格中"职位级别"和"年度总现金"两列，然后点击插入 → 图表 → 散点图。

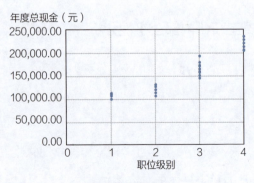

建立薪酬散点图

（3）制定年度总现金的回归线。鼠标右键选中散点图中任意一个点，在出现的对话框中选择"添加趋势线"，就会出现一个"设置趋势线格式"的弹出窗口。一般来说，可以在"趋势线选项"里面选择"指数"或者"线性"。这两个选择在薪酬管理的测算中应用很多。当然，大部分企业做薪酬分析时都用指数回归。这种做法和很多薪酬调研公司的做法相符，便于日后的薪酬外部比较。然后，一定要在对话框的下面勾选"显示公式"和"显示 R 平方值"，这样就会发现原来的散点图已经发生了变化。

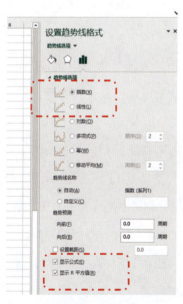

指数回归的选择

刚才绘制的散点图里面，增加了一个薪酬趋势线，并且是指数回归线，里面还显示了公式和 R 平方值。

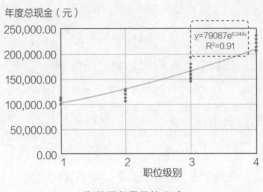

指数回归显示的公式

上图中出现了两个关键信息：指数回归的公式和回归分析的 R 平方值。我们日常使用 Excel 最大的好处就是不用了解复杂的数学原理以及公式推导。在这里，我们只需把图表中的公式抄出来，就可以进行操作了。需要说明的是，R 平方值主要用来判断回归效果的好坏。R 平方值的大小在 0~1 之间。它越接近 1，就越说明回归分析的拟合效果越好。通常来说，超过 0.8 的 R 平方值就算是不错的。

看着这样的结果，肖敏心里暗自窃喜。这家公司虽然历史上没有明确的薪酬架构，但是公司内部员工的薪酬水平分布还算比较规整。而且这个数据包含了销售部、市场部和 IT 部门。因此，从趋势上说，目前还没有必要根据不同的职位类别设定不同的薪酬架构（薪酬管理人员的工作模式往往就是这样，从结果验证假设，然后开始新的假设，再寻找结果来验证）。

接下来，肖敏要确定每一个层级的职位对于这个回归线的相对位置。这样做是为下一步确定薪酬政策做准备。实际上，在肖敏现在做的工作中，首先要通过一系列测算寻找中点值，然后再通过级宽等因素，寻找每一个级别的最大值和最小值，最终确保大多数人员的工资先纳入到新的工资体系中。

涨知识

如何考察员工薪酬的内部公平性

我们在进行工资内部比较的时候，往往采用内部公平性分析这一工具，它被称为内部比率分析（Comparative Ratio，CR）。这个工具用公式说明就是：

内部薪酬比率（CR）= 员工工资 / 员工所在级别工资的中点值

例如，现有员工A和员工B，分别属于不同的职位级别。员工A基本月薪为2,800元，员工B基本月薪为3,500元。从内部公平性来说，谁的工资更具有竞争力呢？

因为两位员工不在一个级别，所以这个时候显然是不能简单地用工资的绝对金额来比较,需要引入内部薪酬比率这个公式来解决。

假设员工 A 和 B 分别处于 1,000~3,000 和 1,800~4,600 两个不同工资级别中,中点值分别为 2,000 和 3,200,如下图所示。

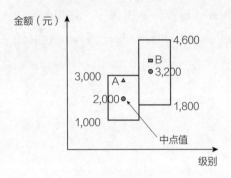

内部公平性分析

员工 A 的内部薪酬比率 =2,800/2,000=140%

员工 B 的内部薪酬比率 =3,500/3,200=109%

显然虽然员工 A 的工资绝对金额低于员工 B,但是员工 A 的工资内部薪酬竞争力高于 B。

需要强调的是,薪酬比率是管理工作中特别重要和常见的分析指标。该指标不仅能清晰地比较不同级别员工工资的内部公平性问题,还可以比较不同部门不同级别的员工工资水平。

为了寻找合适的中点值，肖敏需要明确各个级别总体的薪酬比率水平。为此，她在工作表格中，先通过回归分析把每一个级别的薪酬"中点值"计算出来，然后用该点来计算每一个职位的薪酬比率。（需要注意的是，这里中点值加上引号的意思是说，在测算阶段，先假设回归线就是每一个中点值连接起来的线。）

下图展示了肖敏的操作。首先在 Q 列增加回归薪酬，计算每一个级别回归统计出来的薪酬数据。在公式显示栏可以发现，Excel 是这样显示的：=79087*EXP（0.244*[@职位级别]）（在"表"的模式中工作时，Excel 公式显示表头每一列标题的内容而不再是字母，所以，这里面看到的是 [@ 职位级别]。这样做，对于日后公式的查找修订特别有帮助）。你会发现，这个公式就是前文散点图中回归曲线显示的公式。接下来，肖敏在 R 列测算每一个职位的薪酬比率值 = 每一个人的年度总现金 / 回归薪酬，也就是用 P 列的数值除以 Q 列的数值。

正如前文所述，此次回归分析的 R 平方值为 0.91，这说明内部薪酬的分布比较均匀、有规律。但是，仍然需要详细看一下不同部门、不同级别的薪酬比率有什么特点。

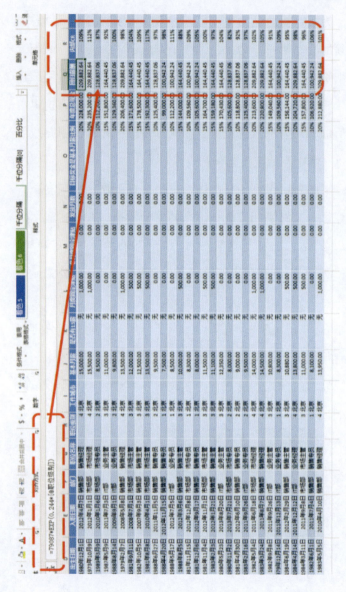

利用回归测算内部薪酬比率

肖敏针对职位级别（H列）和部门（F列）按照内部薪酬比率（R列）做了一个数据透视表（表3-7），清晰地反映了公司员工薪酬的整体分布。

表3-7 按照部门和级别的内部公平性分析（CR）

层级	IT部	市场部	销售部	总体
1	110%	109%	103%	106%
2	99%	85%	95%	93%
3	96%	104%	97%	99%
4	98%	107%	103%	104%
总体	100%	101%	100%	100%

结论：至此，肖敏基本上完成了内部公平性分析。她大体了解到：

（1）从内部公平性分析来看，员工总体的薪酬比率比较接近中位值水平（内部总体比率100%）。

（2）级别1和级别4的内部竞争比率高于级别2和级别3。

（3）不同部门的内部竞争比率基本类似。

（4）未来的薪酬框架大概率仍采用目前的回归线作为薪酬中点值（或者称为政策线）。

（5）考虑公司薪酬要具备一定的外部市场竞争力，因此，还需要参考外部市场数据，测算一下如何调整政策线。

做完了内部公平性分析，肖敏感觉轻松了很多。至少本公司薪酬水平的总体分布还是不错的。想到这里，她不由自主地伸了一下懒腰。

此时，她突然回想起老板曾和她分享过的一个故事。若干年前，在曾经任职的公司，肖敏的老板也像这样建立过薪酬架构。当时公司的情况是内部薪酬数据的分布很不好。回归分析的 R 平方值仅为 0.4。当时那家公司历史长，加上内部经历过几次组织重组，公司内部基本上没有职位层级的概念，只是根据汇报关系和历史原因来制定并调整员工的工资。老板说，记得当时得出这个只有 0.4 的 R 平方值之后，他本人都有点不敢相信。仔细研究了一下员工的薪酬数据才发现：同一级别的员工，有的工资已经高于别的部门上一个级别员工工资，有的低于下一个甚至两个级别员工的工资。

当时公司管理层的方向非常明确：薪酬架构的建立，就是为了通过规范性的管理，把历史遗留的问题逐步解决。在保证公司薪酬内部公平的基础上，逐步提高公司内部薪酬的外部竞争力。

基于这样的战略方向，肖敏的老板当时就是在这样的回归数据线上进行调整，最后确定了薪酬架构。

后来，经过几年的薪酬调整，并不断追踪分析内部数据和外部数据，公司的薪酬架构已经非常完美了。

想到老板曾经的经历，肖敏不禁暗自庆幸现在这家公司良好的管理风格，才使得薪酬架构体系建立得比较顺利。

2. 员工薪酬外部竞争力分析

"早上好！"今天的阳光格外好。刚走进办公室，肖敏就被老板叫过去，老板询问起薪酬分析的情况。

老板听了肖敏的介绍之后，并没有感到意外。毕竟老板非常熟悉公司的发展历史：这家公司产品业务比较单一，员工招聘来源也比较单一。因此，薪酬的制定基本上是按照行业大致的"潜规则"来操作。

在谈话的最后，老板提醒肖敏：在做外部竞争力分析的时候，要着重分析4级员工（经理）的薪酬外部竞争力情况。如果有可能的话，希望适当提高他们的薪酬级别水平和相应的薪酬待遇。其主要原因是：最近市场竞争压力越来越大，其他公司已经开始到本公司挖管理人才。

"嗯，明白了。在做外部市场竞争力分析的时候，要着重分析4级经理的情况。"肖敏在心里默念了一下。同时，她也不由得钦佩，老板就是老板，在这个时候适当地提醒她工作重点是很有必要的。其实，一名优秀的薪酬管理人员要时刻牢记自己的工作方向，不能一下子陷在 Excel 的各种计算中。这些计算只是为了验证和支持我们工作的方向而已。

在前面的内部公平性分析中，肖敏运用回归的统计方法，计算出公司内部每一个级别的"回归工资"。这些数字也可以视为总体工资水平的一个趋势。所以，肖敏可以先利用这个内部的"趋势工资"和外部市场的工资做一个比较，从宏观上看一下企业薪资外部竞争力的情况。

为此，肖敏先根据公司内部已有的职位级别，把外部市场数据的中位数"转化"为和内部级别一致的薪酬数据。然后把回归统计出来的内部工资数据和外部市场薪酬报告的真实数据放在一起得到以下图和表。

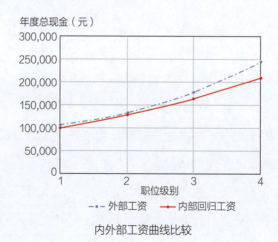

内外部工资曲线比较

表3-8 外部工资和内部回归工资比较

级别	外部工资/元	内部回归工资/元	内部：外部
1	107,140	100,942	94%
2	132,780	128,837	97%
3	178,227	164,440	92%
4	244,800	209,883	86%

"从这个图里能看出什么呢？结合前面的内部公平性分析，又能发现什么呢？"肖敏默默念叨着，慢慢地，结论在她的脑海里清晰了起来：

（1）本公司内部薪酬水平普遍低于外部市场水平。

（2）相比低级别员工，高级别员工的薪酬总体水平与外部市场差距更大。

（3）需要注意的是，外部竞争力分析显示4级员工的薪酬和外部市场相比为86%；但是，结合前文"按照部门和级别的内部公平分析"结果，4级员工的内部公平性为104%（参见表3-7）。这说明：从内部关系来看，4级员工的工资还是"高"的；但是，他们的工资和外部市场比却是"低"的。这种看似矛盾的情况会经常存在。换言之，在这种情况下，一家公司会觉得从内部看，某个层级的职位工资已经高了，但实际上还是低于外部工资，因此仍然存在高层级员工"被挖走"的风险。这大概就是老板提醒的：

要注意看一下 4 级员工薪酬外部竞争力的情况。

为进一步详细地分析外部市场竞争力情况,肖敏需要计算一下每一位员工的外部竞争力,然后再进行汇总分析。

为此,肖敏又打开那个 Excel 表格,她利用 VLOOKUP 公式,把每一个级别员工对应的外部市场关联到 S 列,并在 T 列计算每一位员工工资的外部市场竞争力水平。T 列的计算是用员工年度总现金(P 列),除以外部市场工资(S 列)。

外部竞争力分析

外部薪酬竞争力

测算本公司员工工资竞争力或与外部市场工资水平差距的时候,会用到外部薪酬比率这个概念。具体的计算方式类似内部公平性分析。

外部竞争力比率 (CR)= 内部员工工资 / 外部市场工资

上图计算了每一位员工工资的外部竞争力水平，下面需要利用数据透视的功能，才能得到每一个层级员工外部竞争力的总体情况。为了更明确地反映情况，肖敏把内部、外部薪酬的比率放在一起，并且还把利用内部工资回归数值形成的内部薪酬趋势和外部薪酬趋势放在一起进行比较分析。

表 3-9　内外部竞争力综合比较

级别	平均值项：内部薪酬比率 CR	平均值项：外部薪酬比率 CR	内部薪酬趋势：外部薪酬趋势
1	106%	100%	94%
2	93%	90%	97%
3	99%	92%	92%
4	104%	89%	86%
总体	100%	92%	92%

这个表格将三种分析结果综合在一起，清晰地反映出更多的信息：

（1）整体看，不论是员工的薪酬回归趋势分析，还是每一位员工个体竞争力的汇总，均表明本公司的薪酬竞争力是低于市场中位水平的。

（2）随着员工级别的升高，高级别员工的外部薪酬竞争力逐渐下降。

工作做到这里，本公司员工的薪酬数据已经越来越清晰地映射在肖敏脑子里了。她已经基本判断出接下来在建立薪酬架构的时候，应该需要如何调整。她把与老板讨论的笔记翻出来，添加了一些新的备注。

（1）经测算，公司内部的薪酬分布状况在不同部门之间没有明显差别（前文已经按照部门和层级进行了内部竞争力的分析）。如果薪酬状况在不同部门或不同岗位序列有较大差异，那就需要考虑建立不同的薪酬架构。

（2）公司薪酬结构可以直接和内部职位体系关联。内部职位级别体系可以直接和外部职位级别对接，以便进行外部数据的比较。

（3）薪酬架构的定位应该在市场数据的中位数和内部薪酬数据之间。可以考虑在市场数据和公司数据回归线之间寻找合适的数值。

（4）在设计薪酬架构的时候，非管理层职位及一般职位的外部薪酬市场定位采用市场中位数。管理层职位、骨干员工的薪酬定位需要高于中位数水平。

目前，公司内部的薪酬水平普遍低于外部市场。特别是高级别员工的工资明显低于市场水平。因此，需要测算高级别员工的薪酬框架，并参考市场数据予以调整。

3. 薪酬架构设计

一般来说，薪酬体系的政策线就是每一个级别工资范围的基准。以此为基础，把薪酬范围上下浮动，就构成了相应的薪酬架构。在肖敏的脑子里已逐步出现以下这个画面：在原有内部回归工资、外部工资曲线的基础上，确定每一个层级薪酬的上下限。

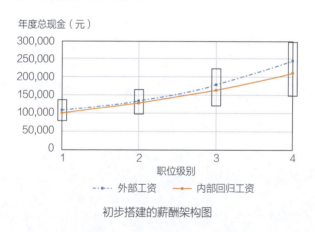

初步搭建的薪酬架构图

上图中所呈现的一个个柱子，就是肖敏需要建立的薪酬架构。她会根据员工薪酬的实际分布，以及刚刚总结的薪酬架构建立的总体方向，不断调整薪酬架构的中点值、最大值和最小值，力求新的薪酬架构可将更多员工的工资涵盖进来。

沿着这个思路，肖敏会在接下来的工作中反复测算到底采用哪个数值比较合适。

当然，在实际工作中，也可以把这个图转化为很多公司应用的薪酬级别表。为了测算方便，肖敏需要先预估一个薪酬级别表，在这个表里，她把外部工资和内部回归工资都放在一起供参考。

涨知识

建立薪酬架构必须知道的基本点

（1）一般来说，薪酬架构都包含如下要素：

A. 中点值——处于薪酬级别中间位置的数据。中点值 =（最大值 + 最小值）/2

B. 级宽——每一个薪酬级别里面最大值和最小值之间的"距离"。级宽 =（最大值/最小值）-1。级宽通常用百分数来表述。

C. 级差——相邻两个级别中点值之间的差距。级差 =（上一个级别中点/本级别中点）-1。

在建立薪酬架构的时候，为了提高效率，可以利用 Excel 公式把以上这些要素联动起来。一个便捷的设定就是：

用中点值上浮、下降某一个比例来计算出最大值、最小值。

典型的薪酬架构图

在这个案例里,最大值和最小值之间的级宽为50%,即(4,500/3,000)-1=50%。我们转化一下思路,利用中点值3,750上浮20%、下降20%的办法分别计算出最大值、最小值。

最大值 = 中点值*(1+20%)=3,750*(1+20%)=4,500

最小值 = 中点值*(1-20%)=3,750*(1-20%)=3,000

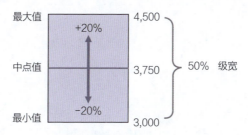

利用中点值计算最大值、最小值

这个设定在实际操作中是很简便的。在接下来的工作中，肖敏就会使用这种操作来实现薪酬架构的建立。

（2）了解某个员工在薪酬级别中具体位置的公式。对于刚刚建立的薪酬架构来说，非常重要的一点就是要尽可能把目前的员工工资纳入薪酬框架内。所以，需要一个新的计算公式显示出员工的工资在薪酬架构中的具体位置。

在下图中，某员工A的工资为2,600元，他所在的薪酬级别里，最大值M=3,000，最小值N=1,000，中点值K=(3,000+1,000)/2=2,000

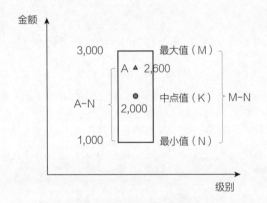

用薪酬渗透率来表示薪酬的位置

按照刚刚学习的薪酬比率计算方法，该员工的薪酬比率应为：

薪酬比率（CR）=2,600/2,000=130%

从这个计算结果可以很容易发现，该员工薪酬高于中点值。但是，CR 值仅仅体现了员工薪酬与中点值的关系，不能明确反映该员工薪酬处于该薪酬级别什么位置。因此，需要引入新的概念——薪酬渗透率（penetration rate）来描述员工薪酬在薪酬级别里面的相对位置。

员工 A 薪酬渗透率 =（员工工资 – 最小值）/（最大值 – 最小值）

=（A–N）/（M–N）

=（2,600–1,000）/（3,000–1,000）

=80%

薪酬渗透率的大小能够反映某员工的工资在薪酬架构内的位置。

表 3-10 薪酬渗透率表达的含义

薪酬渗透率结果	代表的意义
大于 1	说明员工工资高于薪酬级别最大值
等于 1	说明员工工资等于薪酬级别最大值
等于 50%	说明员工工资等于薪酬级别中点值
等于 0	说明员工工资等于薪酬级别最小值
小于 0	说明员工工资低于薪酬级别最小值

好了，我们该回到肖敏的实际工作中了。为了能在接下来的工作中，随时联动监控测试数值的情况，肖敏做了

以下几个主要的功课。

（1）预设定一个薪酬架构表。表格里面的数字需要经过反复测算才能成为最终薪酬结果表中的数值。肖敏把前面在内部公平性分析和外部竞争力分析中获得的数字预先放在下表中。

表 3-11　预设的薪酬架构表

级别	外部工资/元	内部回归工资/元	最小值/元	中间值/元	最大值/元	级宽	级差
1	107,140	100,942	90,848	100,942	111,036	10%	28%
2	132,780	128,837	115,953	128,837	141,721	10%	28%
3	178,227	164,440	139,774	164,440	189,107	15%	49%
4	244,800	209,883	195,840	244,800	293,760	20%	

在新的工作表中，先假设"中间值"=内部回归工资数值。考虑4级员工（经理）的工资需要更加具备市场竞争力，因此，该级别的"中间值"=外部市场工资。同时，预设一些公式让接下来的工作仅仅是调整参数。

每一个级别的最大值 = 中间值 *（1+ 级宽）

每一个级别的最小值 = 中间值 *（1– 级宽）

每一个级别的级差 = 高级别中间值 / 低级别中间值 –1

（2）在薪酬原始数据表中，增加 U 和 V 列，计算在新的薪酬架构里面的薪酬渗透率和薪酬比率。这里面的薪酬渗透率、薪酬比率都是通过 VLOOKUP 公式直接将员工的工资和薪酬架构里面的数值关联的。

计算员工薪酬渗透率和薪酬比率

涨知识

每个人的薪酬渗透率、薪酬比率如何与薪酬架构关联

薪酬渗透率 =（员工工资 − 该级别最小值）/（该级别最大值 − 该级别最小值）

= （员工工资 − VLOOKUP（级别，薪酬架构区域，最小值所在列，FALSE））/((VLOOKUP（级别，薪酬架构区域，最大值所在列，FALSE）− VLOOKUP（级别，薪酬架构区域，最小值所在列，FALSE））

第三章　做一套漂亮的薪酬架构

薪酬比率 = 员工工资 / 该级别中间值

= 员工工资 /（VLOOKUP（级别，薪酬架构区域，中间值所在列，FALSE））

（3）对薪酬原始数据表进行透视，寻找参数调整的监控指标。

肖敏把原始数据表进行了透视处理，设定了不同的监控窗口，分别是：

A. 按照级别划分的、整体工资的薪酬渗透率和薪酬比率情况——通过这个分析能够看到在调整薪酬架构的数值之后，每个级别薪酬的总体分布情况（表3-12）。例如，这里面4级员工的薪酬渗透率为22%，薪酬比率为89%。估计很多员工的薪酬都在薪酬中间值以下，可能有人在薪酬最小值之下。

表3-12 数据透视表汇总员工薪酬的位置

级别	平均值项：新级别渗透率	平均值项：新级别薪酬比率
1	81%	106%
2	14%	93%
3	48%	99%
4	22%	89%
总体	41%	97%

B. 按照级别划分的薪酬渗透率的分布情况——以下两个透视表基本表达的意思相同，一个表示了实际的数量，

一个表示了百分比。表格的横向是1~4级别，表格的纵向分别是渗透率<0、渗透率在0~1之间和渗透率>1三个维度。表3-13表示的是不同级别、不同渗透率的实际员工人数，表3-14表示的是不同级别、不同渗透率员工分布的比例。例如，我们在表3-13看到4级员工中有7个人的薪酬渗透率在0~1之间，同时在表3-14看到4级员工在0~1这个区间的分布比例是100%。联系表3-10，4级员工的整体薪酬渗透率为22%，这说明4级员工的工资比较集中在薪酬架构的中下位置。

表3-13 薪酬渗透率分布情况（实际员工数量分布）

渗透率	级别				总计
	1	2	3	4	
<0		2			2
0-1	5	4	10	7	26
>1	1		1		2
总计	6	6	11	7	30

表3-14 薪酬渗透率分布情况（百分比分布）

渗透率	级别				总体
	1	2	3	4	
<0	0%	33%	0%	0%	7%
0-1	83%	67%	91%	100%	87%
>1	17%	0%	9%	0%	7%
总计	100%	100%	100%	100%	100%

（4）调整预设的薪酬架构表中的中间值和级宽，同时查看监控指标，确保多数员工的工资能够体现在薪酬架构内。最后，肖敏确定了一个比较满意的结果。这个结果（表3-15）是通过反复调整中间值和级宽，反复监测汇总指标达成的（需要注意的是：在最初针对不同级别人员做外部薪酬竞争分析的时候，肖敏发现4级员工的外部竞争力不高。因此，在最终确定的这个薪酬表中，4级员工的薪酬中间值实际上是介于内部回归数据和外部市场数据之间的一个数字）。为了日后使用方便，肖敏对测算表做了取整处理。

表3-15 反复调整的薪酬架构测算表

级别	外部工资/元	回归工资/元	最小值/元	中间值/元	最大值/元	级宽	级差
1	107,140	100,942	90,000	100,000	110,000	10%	20%
2	132,780	128,837	102,000	120,000	138,000	15%	33%
3	178,227	164,440	128,000	160,000	192,000	20%	38%
4	244,800	209,883	176,000	220,000	264,000	20%	

此时，总体的薪酬渗透率为58%，薪酬比率为102%（表3-16），这说明员工的工资整体上都分布在薪酬架构中间的位置。

表 3-16　员工薪酬在架构中的竞争力总体分析

级别	平均值项：新级别渗透率	平均值项：新级别薪酬比率
1	86%	107%
2	49%	100%
3	55%	102%
4	47%	99%
总体	58%	102%

不同员工的薪酬在薪酬级别中的分布情况也很清楚（表3-17、表3-18），仅有两名员工（7%）高于薪酬级别的最大值，其他员工都在薪酬架构里面。

表 3-17　员工薪酬在新体系中的位置分布（实际员工数量分布）

新级别渗透率	级别				总计
	1	2	3	4	
0~1	5	6	10	7	28
>1	1		1		2
总计	6	6	11	7	30

表 3-18　员工薪酬在新体系中的位置分布（百分比分布）

新级别渗透率	级别				总体
	1	2	3	4	
0~1	83%	100%	91%	100%	93%
>1	17%	0%	9%	0%	7%
总计	100%	100%	100%	100%	100%

4. 薪酬架构汇报

"喔嚯！完工！"望着屏幕上 Excel 显示出来的结果，肖敏有点懒散地靠在椅背上。此时在她的脑子里，已经基本上勾勒出一个员工的实际薪酬在薪酬架构中的画面。画面中有做好的薪酬架构，有目前员工的实际工资在架构中的分布情况。肖敏预感老板看到之后就可以直观地给出审批意见了。

"乘胜追击吧！今天就把这个图做好算了。"带着一丝兴奋，肖敏快速做好了薪酬架构分布图，然后就等着向领导汇报了。

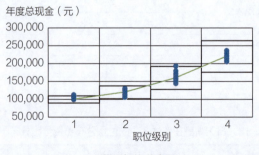

薪酬架构分布图

如何制作薪酬架构分布图

肖敏做出来的薪酬架构分布图既让老板看到了薪酬架

构的样子，同时还能看到员工的工资在薪酬架构中的分布（图中每一个散点代表每一位员工真实的工资情况）。

（1）在员工薪酬原始数据表中，选择职位级别和年度总现金两列。然后点击Excel表的"插入→图表→散点图"，便能得到了员工实际年度总现金的散点图。

原始数据选择

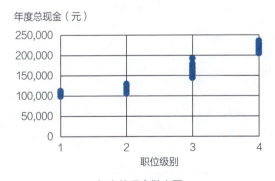

年度总现金散点图

（2）制作一个虚拟的薪酬架构表；在原来的薪酬架构

表中增加一列，用最大值减去最小值获得一个"虚拟"的数值。

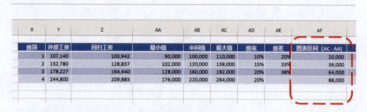

增加虚拟列

（3）回到刚才做好的"年度总现金"散点图，右键点击图中区域，然后依次选择"选择数据 → 添加"。

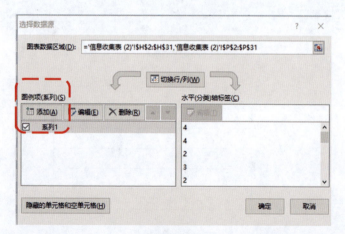

添加新数据

（4）接下来的选择非常关键，在"添加"对话框中有三个栏目。

A. 选择"系列名称"栏目，然后左键选中"最小值"这个单元格，告诉 Excel 我现在做的是最小值的设定。

B. 选择"X 轴系列值"栏目，然后选择"级别"这一列对应的"1~4"列。注意，不要选择标题单元格。

C. 选择"Y 轴系列值"栏目，然后选择"最小值"这一列对应的具体数字（即上面表格中的 90,000~176,000）。

都选择好了，点击"确定"，又回到了"添加"对话框，这个时候发现"最小值"已经在里面了。

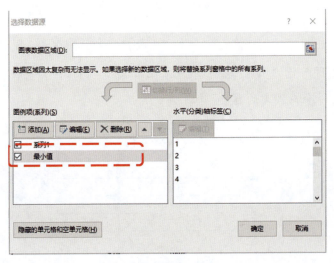

添加新数据的操作

（5）我们需要把步骤（3）和步骤（4）重复两次，依次添加中间值（AB 列）和图表区间（AF 列）。

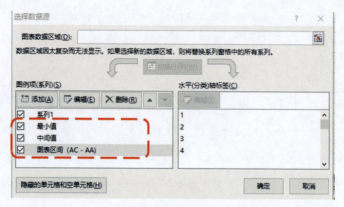

依次添加相关数据

（6）将上面三列数据添加进来之后，点击"确定"，便出现了下图。在图中，未来需要显示的薪酬架构和员工实际工资均用散点图的形式呈现出来的。因此，需要在接下来修改图表的类型。

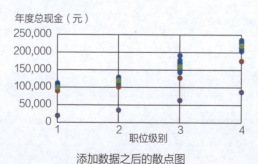

添加数据之后的散点图

（7）回到"年度总现金"散点图，右键点击图中的空白处，出现"更改图表类型"。然后选择"所有图表→组合"。

在接下来的"组合"对话框里,把"系列1"选择为散点图(这便是我们选择的员工的实际工资数据)。

"最小值"和"图表区间(AC‐AA)"选择为堆积柱形图(这便是我们要做的薪酬架构的样子)。

"中间值"选择为折线图(这便是我们需要显示的政策线,或者说,每一个级别中间值的连线)。

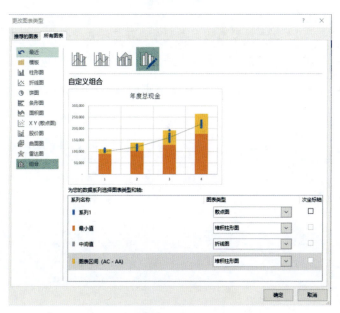

修改图表类型

(8)以上步骤完成后,点击"确定"就会出现一个较奇怪的图形。没关系,我们已经完成90%了,接下来需要稍作修改。

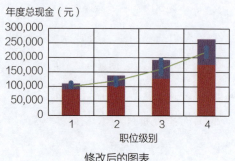

修改后的图表

（9）点击柱形图的下半部分，在"设置数据系列格式"对话框中，"填充"选项选择为"无填充"，"边框"选项选择为"无线条"，这样上图中的柱子就"消失"了。

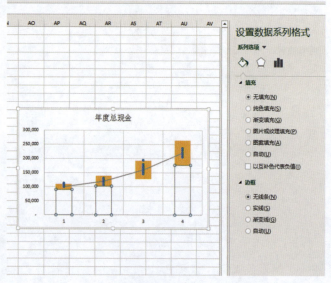

修改柱形图的下半部

（10）然后同样的操作，点击柱形图的上半部分，在"设置数据系列格式"对话框中，"填充"选项选择为"无填充"，"边框"选项选择为"实线"。

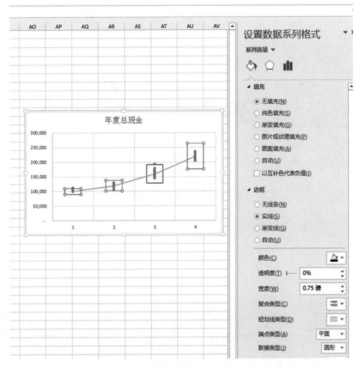

修改柱形图的上半部

（11）还是在这个对话框中，在"系列选项"中把"分类间距"调整为0%，你就会惊奇地发现大功告成了！

当然，你可以自行修改横轴、纵轴以及颜色等，让这个薪酬架构更加美观。

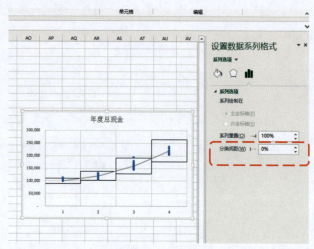

修改柱形图的间距

附：本章内容脑图

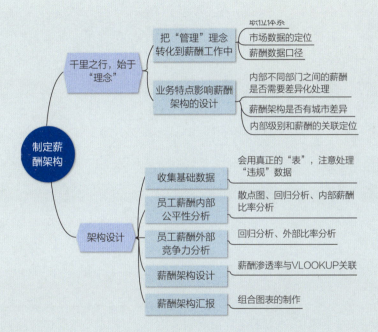

第四章

年度调薪谁怕谁

今天早晨部门例会，人力资源部领导着重介绍了一下公司当前的整体业绩情况。公司目前整体业绩稳步提升。预计到年底，不论是收入还是利润都会有很大增长。新并购的上海公司业绩虽然没有明显起色，但是也没有因为并购而下滑。然后，领导停顿了一下，看了一眼肖敏："今年业绩不错，管理层在商量年度调薪的事情。总裁办公会给我们部门和财务部门一个任务：计算一下我们这个年度薪酬调整需要多少预算合适？"肖敏心领神会地点了点头。一个又一个的任务就是这样"悄无声息"地布置下来了。

走出会议室，肖敏就开始在脑子里预演所有薪酬调整的步骤以及需要的文件信息，并打算先从澄清工作流程开始。

01 从战略高度看调薪

作为薪酬管理的新兵,肖敏不是特别有把握处理全集团公司的薪酬调整工作。不过,经过最近诸多项目工作,肖敏最深刻的体会就是:磨刀不误砍柴工。每一次新的项目开始之前,必须明确本次工作的总体战略方向。为此,肖敏做了一个薪酬调整工作问题清单(表4-1),找领导开会一一商量,拿到相关的信息并澄清了问题。

表4-1 薪酬调整工作问题清单

待澄清的问题	领导如是说	行动对策
年度调薪是否包含上海新公司	上海新公司是最近并购的业务,暂时不参加本次薪酬调整	仅考察北京员工的薪酬状况
什么条件的员工参加	人力资源部可以根据往年情况决定	参考往年情况,制定人员适用范围
在调薪的比例上有什么倾向	强调业绩导向的原则,突出骨干员工工资增长多一些的原则	在制定预算的时候,需要关注高绩效和骨干员工
什么样的员工不参加	业绩差的员工一律不调整	低业绩员工薪酬调整比例为零

以上信息基本上就是薪酬调整的整体思路和方向。但在操作细节方面,肖敏比较困惑:调薪的预算应该包含哪些方面呢?

为此,肖敏向人力资源部领导请教了薪酬调整预算的构成。部门经理特意详细地介绍了薪酬调整工作中需要解决的预算细节。走出会议室，肖敏回到自己的座位，把刚才和领导讨论的细节整理记录在下表里。

表4-2 薪酬调整的细节要素

薪酬调整要素	主要作用	行动策略
绩效调整预算	根据外部人才市场薪酬变动情况制定预算	考察外部市场薪酬预算情况，结合公司目前薪酬水平，测算总体员工薪酬调整比例
晋升调整预算	针对晋升人员薪酬调整预算	因为级别的晋升，员工工资的增加幅度可能会大于正常薪酬调整的幅度。因此，既要看历史晋升比例，又要关注当前员工薪酬水平，决定晋升预算
特殊调整预算	为了解决内部特殊薪酬情况的预算，或为了解决和外部市场工资差距较大问题而需要的特殊预算	主要针对高绩效和高级别员工，考察工资是否与外部市场工资有明显的差距；也可以参考由于组织重组、并购等造成在某部门、某层级员工需要特殊处理的额外预算

02 从预算角度做调薪

影响薪酬预算的因素有很多，一般分为内部因素和外部因素两种。内部因素通常是本公司的财务（盈利）状况和业务发展战略；外部因素有外部人才市场的薪酬变化情况、经济环境和政府规定等。

在进行薪酬状况分析时，我们还需要了解公司员工的业绩考核情况。这个因素在很多公司越来越受到重视，被称为"业绩导向"：高业绩结果的员工会有高的调薪预算，还会有较高的薪酬水平。

肖敏虽然是第一年转入集团总部，但是她知道集团下属公司每年在薪酬调整之前都会做全员的业绩考核。业绩考核是根据员工当年工作总体表现情况，由上级经理根据员工的工作目标以及目标完成情况进行评价。公司的考核结果一共分为 5 个标准，业绩最好的员工为 5 分，业绩最差的员工为 1 分。上级经理根据公司对于业绩衡量指标的定义，分别给予员工 1/2/3/4/5 分的评价结果。

掌握了薪酬调整的细节要素后，肖敏开始把要做的事情罗列出来，形成了一个工作计划（表 4-3）。

表 4-3　调薪预算测算步骤

工作步骤	具体内容	Excel 操作
外部市场薪酬变动情况	✓ 购买薪酬调研公司的数据 ✓ 通过个人渠道获取竞争对手薪酬调整比例 ✓ 通过职位匹配的方法，为每一位员工匹配对应的外部市场薪酬数据，分析本公司员工薪酬的外部竞争性	✓ 内部人员薪酬和外部市场薪酬匹配 ✓ 计算每一位员工的薪酬比率（CR），然后通过数据透视表的办法，分析外部竞争性 ✓ 把本公司薪酬结构和外部市场比较

（续）

工作步骤	具体内容	Excel 操作
内部薪酬状况分析	✓ 按照部门、级别和业绩考核结果分析本公司工资的内部公平性 ✓ 分析本公司薪酬的结构	✓ 汇总所有员工的薪酬数据 ✓ 通过数据透视表的办法分析内部公平性

1. 外部市场薪酬调整趋势

竞争对手公司在薪酬调整上的涨幅会有多少，这是一个非常关键的数值。如果说本公司在进行薪酬调整时，希望员工的工资始终能够和外部市场的竞争力水平保持一定的关系，那么就需要明确外部市场的薪酬水平，否则就真的是闭门造车了。从今年购买的报告里，肖敏找到了外部市场薪酬调整的数值——年度薪酬增长的中位值是8%。

"嗯，这是一个大概的趋势吧。"肖敏看了以后心里默念了一下，"具体今年我们公司的涨幅是多少，要看看财务部门能给多少预算；也要看看我这里数据分析出来的情况；最后由老板去审批这个具体的金额。"

2. 外部竞争力分析

将外部市场的数据和本公司每一名员工的工资关联起来，然后计算每一名员工的外部薪酬竞争力。再利用数据透视表的功能，分别按照部门、级别等因素来进行本公司员工同外部市场相比的竞争力分析。

肖敏从咨询公司的薪酬数据调研报告里看到了今年其他公司的工资涨幅基本上是8%。这就意味着，本公司的工资涨幅也要在8%左右，才能和外部工资"同比"调整。但是，为什么还要做外部竞争力分析呢？

实际上，外部竞争力分析需要解决一个重要的问题——本公司的薪酬水平和外部市场有多大差距？如果发现本公司的薪酬水平已经高于外部市场水平，那么今年的调薪增长幅度可能会小于市场涨幅；反之，可能需要额外的预算来"追赶"外部市场的薪酬水平。

为此，肖敏先把外部市场的薪酬数值和内部每一名员工的工资进行匹配，然后分别计算每一名员工的外部薪酬比率（CR）；接下来，又做了一个数据透视表展示出不同部门和公司总体的薪酬竞争力状况。

肖敏使用VLOOKUP公式连接外部市场数据和每一名员工的薪酬，来计算每一名员工的外部市场竞争力。然后，利用数据透视的功能得到如下图所示表格。一个是根据公司的内部级别和业绩考核结果进行的分析；一个是根据公司的内部级别和部门进行的分析。表格中间数据区域是平均的外部薪酬比率（CR）。

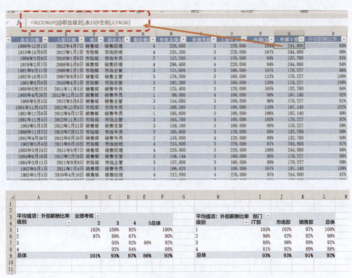

利用数据透视

作为一名薪酬专业人员,肖敏已经开始善于从这些数据图表中读出相关的"内涵"。她把数据透视表展示的结果逐一记在本子上,做成了一个汇总表(表4-4)。

表4-4 外部薪酬比率分析结论

图表显示的信息	薪酬调整的策略
公司薪酬水平和外部市场水平相比,竞争力为92%	公司薪酬竞争力略低于市场,但是是否在制定薪酬预算的时候提供额外薪酬(需要7%~8%的额外增长),需要进一步分析,并需要财务的盈利数据支持
员工的级别越高,薪酬竞争力越低(从1级的100%下降到4级的88%)	在薪酬调整的时候,需要给高级别员工额外增加一些预算 或者在薪酬预算分配的时候,考虑给高级别员工增加额外的预算

（续）

图表显示的信息	薪酬调整的策略
高绩效员工的薪酬竞争力明显下降（2分员工竞争力为101%，5分员工竞争力为86%）	反映公司的整体薪酬趋势，没有体现"为业绩付薪"的原则。这个需要在薪酬调整中，通过调薪矩阵慢慢调整过来
员工的薪酬竞争力在不同部门之间没有明显差异	无须给某个部门额外追加预算（这里考虑额外预算的时候，肖敏是从一名薪酬专业人员的角度来入手的。作为肖敏的上级经理——人力资源部门的负责人，在是否设定额外预算的时候，往往还要结合部门的离职率、离职原因等其他因素来进行考量）

3. 内部公平性分析

其主要目的在于通过计算每一名员工的内部薪酬比率，并且利用部门、级别、业绩考核结果作为分析的基础，看到内部员工在薪酬比率上的特点，从而在分配薪酬调整预算的时候能够有所侧重。

在具体操作时，肖敏先计算每一名员工的内部薪酬比率（每一名员工的实际工资除以员工所在级别工资范围的中点值），然后利用数据透视的功能，按照不同部门、不同层级、不同业绩水平等来看一下当前的薪酬水平在各个部门的分布情况。

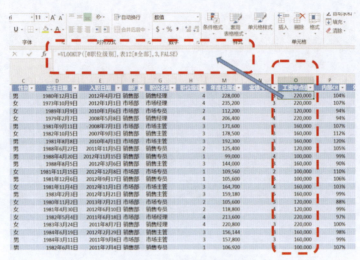

计算每一名员工的薪酬比率

通过 VLOOKUP 公式,把员工所在级别的工资中点值找出来(表 4–5),然后计算每一名员工的薪酬比率。

表 4–5　本公司薪酬级别架构表(举例)

级别	最小值/元	中间值/元	最大值/元	级宽	级差
1	90,000	100,000	110,000	10%	20%
2	102,000	120,000	138,000	15%	33%
3	128,000	160,000	192,000	20%	38%
4	176,000	220,000	264,000	20%	

上图中 P 列的结果是用员工的年度总现金(M 列)除以级别工资的中点值(O 列)得出的。

计算出每一名员工的内部薪酬比率之后,肖敏会通过数据透视的功能汇总平均薪酬比率(CR)来进行内部公平性分析。前文已经叙述过了,一定要把这个原始数据变为"表"的格式。在进行数据透视的时候,随便选择表的任意一个单元格,然后选择"插入 → 数据透视表"。为了反映不同部门、不同层级和不同业绩员工的薪酬状况,通常在做数据透视的时候选择内部薪酬比率的平均值来显示。

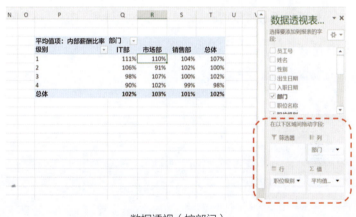

数据透视(按部门)

上图中,部门选择为"列",而职位级别选择为"行"。同样的道理,可以把"部门"替换为"业绩考核"就会得到下图中的结果。

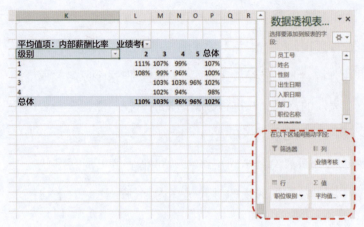

数据透视(按业绩)

看着内部竞争分析的结果,肖敏把得到的结论一一归纳在本子上(见表4-6),现在她已经基本了解了薪酬调整的大致方向。

表4-6 内部竞争比率分析结论

结果是什么	想到了什么
全公司平均内部薪酬比率为102%	总体来说,全体员工的工资分布比较接近薪酬级别的中间位置
几个部门的平均内部薪酬比率基本接近102%	说明员工的薪酬在部门之间没有太大差异
按照级别看,级别越高,平均内部薪酬比率越低,其中4级的IT部门最低	结合老板给出的薪酬调整适当向高级别人员倾斜的信息,提示在薪酬调整的时候需要给高级别人员多一些预算
从业绩考核结果看,4/5分的员工的平均薪酬比率96%,低于2/3分的员工	和内部其他员工相比,高业绩员工的薪酬内部竞争力低。需要在薪酬调整的时候,在预算上给予倾斜

以上这些分析,均基于本公司内部情况。到目前为止,

肖敏获得了三个类别的信息：市场普遍薪酬增长的趋势、公司员工薪酬和外部市场相比的竞争力情况、公司员工薪酬在公司内部的竞争力分析。

接下来，肖敏做了另外一个汇总性文件，打算组织会议，和相关人员商量一下今年的薪酬调整预算。

4. 薪酬调整预算的制定

虽然薪酬管理工作始终都是建立在各种数字分析基础之上的，但在各个企业的实际操作中，薪酬管理并非完全依赖于数字分析的结果。关于今年的年度薪酬调整预算，人力资源部、财务部和总裁办特意开会讨论了一下。会上，肖敏把所有的分析结果都展示了出来（见表4-7）。

表4-7　薪酬调整总体分析

数据的情况	可能的预算需求
今年本行业的普遍薪酬增长为8%	我公司员工的工资可能需要同比例增长
和外部市场相比，我公司总体的薪酬竞争力为92%	如果需要额外的预算，让我公司人员的薪酬竞争力达到100%，则需要7%~8%的额外预算支持。但是，在实际操作中，92%的比率并不低，不需要大规模的额外预算来追赶市场薪酬水平
不论是和外部市场比，还是内部竞争力分析，高级别、高业绩员工的薪酬竞争力均较低	在设计调薪矩阵的时候，可以给高绩效员工多一些预算倾斜 高级别员工的薪酬调整可以在总预算里提前预留，最后由管理层统一调剂给高级别人员

在总裁办公会上，财务部门展示了今年所有的财务数据。管理层考虑今年刚刚收购上海公司，仍面临很多不稳定因素，因此，最终把薪酬调整的总体额度定在 8.5%。

03 从落地角度应用 Excel

薪酬调整工作并非都是人力资源部门独立完成的。在针对每一名员工的实际工资调整中，业务部门经理发挥了主要的职责。为此，就需要薪酬管理人员先把今年的调整原则传递给业务经理；同时还要把这样的原则固化在 Excel 模板里面（当然，很多公司采用在线的系统来进行薪酬调整。但是不论是用在线的系统，还是线下的 Excel，内在逻辑都是一样的，都需要在系统里预设相应的管理原则）。

拿到 8.5% 的总体预算调整额度之后，肖敏就开始盘算如何落地这个预算了。为此，她看了一下公司历史薪酬调整的情况，打算把最终的薪酬调整预算做如下分配。

考虑公司的薪酬总体市场竞争力为92%（并不是很低），同时结合历史晋升人员很少的情况，肖敏最终落实了薪酬调整的细节分配（见表4-8）。

表4-8　调薪预算总体分配

薪酬预算项目	预算分配
绩效调整预算额度	8%
特殊/晋升调整预算额度	0.4%（老板预留0.1%给高层级调整）
总预算额度	8.5%

涨知识

薪酬调整预算都包括什么

在很多人的眼里，薪酬调整就是"大锅饭"，就是"阳光普照"，就是大家都涨一样的工资。但这肯定是不对的！

很多公司提出要"为业绩付薪"的理念。但是究竟怎样调薪才能看出来是为业绩付薪呢？

实际上，薪酬调整从预算的分配上就要"故意"设定不同的预算使用额度，就要杜绝"阳光普照"。

在很多公司的薪酬调整预算实践中，一般会把薪酬总体预算划分为几个部分，如下表所示。

表 4-9　调薪预算要素分解

薪酬预算项目	主要目的
绩效调整预算	根据员工的业绩考核结果和薪酬水平来分配调薪预算
晋升调整预算	根据员工晋升到上一个级别的薪酬水平来分配的调薪预算
特殊调整预算	员工历史情况等原因造成工资水平较低,需要特别追加预算来调整
总预算	以上所有预算总和

肖敏把预算额度分解为 8%+0.5% 之后,开始调整公司整体的薪酬架构,并且开始设计调薪工作涉及的具体表格。

1. 公司薪酬架构的调整

为确保本公司的薪酬架构始终和外部市场的工资变化一致,一般来说,公司会在每年对薪酬架构进行调整。这个调整过程基本上和前面章节介绍的薪酬结构的制定过程类似。

此时,肖敏已经分析过公司员工薪酬和外部市场相比的竞争力,并且通过购买薪酬报告数据获得了今年外部市场薪酬调整的总体水平。因此,她和部门经理商量好整体的薪酬架构之后,决定今年把架构里所有级别的工资都上浮 8%。这样做的好处是可确保在薪酬调整之后,公司的薪酬架构还能够和外部市场水平保持一致。

2. 调薪矩阵的制定

调薪矩阵确实是薪酬调整工作中的利器。它的作用在于把薪酬调整的原则落实在每一名员工的调整金额上，从而有效防止了薪酬调整中的"大锅饭"问题。肖敏是第一年接触薪酬调整工作，不是非常熟悉调薪矩阵。为此，她专门约了部门经理，想听听他的想法。

部门经理听了肖敏的困惑之后，笑了："调薪矩阵是薪酬调整工作落在具体实施阶段的重要工具。不过呀，你还记得吗：在薪酬调整中一般会把调薪的总预算划分为哪几个细分项目？"

"我知道。是绩效调整预算、晋升调整预算、特殊调整预算。"肖敏清脆地回答。

"没错。我们今天讨论的调薪矩阵主要是用来做绩效调整预算的。其他两项预算的调整都需要根据实际情况来具体应用，不需要调薪矩阵。"看看肖敏点点头，经理继续说："我还是先给你说一下原理吧。好不好？"

肖敏愉快地点头表示认可。经理拿起笔，先在纸上写了一段文字：如果不考虑其他因素，仅仅考虑员工业绩结果，业绩结果高的员工是不是应该多一些增长的幅度？

肖敏想了想说道："不一定吧，员工调薪不能仅仅看业绩结果吧。"

经理没有说话，指着纸上的文字提醒她说："不考虑其他因素，仅仅考虑员工业绩呢？"

"哦！对对！如果只是看业绩，那肯定是业绩结果好的员工，应该多增长一些工资。"

看到肖敏认同这样的观点，经理又继续写：如果不考虑其他因素，仅仅考虑员工工资的竞争比率CR，竞争比率CR低的员工是不是应该多一些增长幅度？

这一次，肖敏略微思考了一下答道："对的，应该是这样的。"

经理看着肖敏，面带微笑着在纸上画出一个图，然后说："你看，我把业绩考核结果的高低和薪酬竞争力的高低放在一起，是不是就能得到一个薪酬增长的矩阵图？"

"对呀！在这个图中，您把业绩考核结果、薪酬的竞争力和调薪比例结合在一起了。那就是说，在调薪的时候，业绩结果好、薪酬竞争力低的员工应该获得更多的调薪预算；而反过来，业绩结果差、薪酬竞争力高的员工就应该少增长或者不增长？"

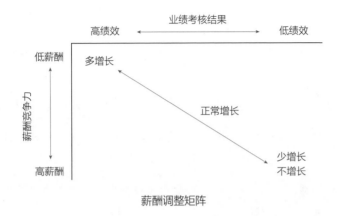

薪酬调整矩阵

"你说的没错，我再给你总结一下吧。"随后，经理在纸上总结出以下几点：

（1）年度薪酬调整的预算值，是指如果员工业绩是正常水平且薪酬竞争力水平中等时进行薪酬调整的预算。

（2）业绩考核结果就是员工考核的评定分数。

（3）薪酬高低可以用内部薪酬竞争力 CR 来体现，也可以用薪酬渗透率来体现。两者都反映了员工薪酬相对于薪酬级别的位置情况。

（4）如果公司特别重视对外的工资比较，也可以用外部薪酬竞争力 CR 来做分析。

涨知识

薪酬渗透率如何体现薪酬高低水平

在分析员工薪酬水平高低的时候，很多公司喜欢采用把薪酬级别划分为不同区间的办法来进行分析。总结起来，一般就是把一个薪酬级别划分为三个或者四个区间。下图分别列举两种区间划分的情况。这样划分薪酬级别的好处在于，能够更加细致地分析员工工资的内部竞争力情况。

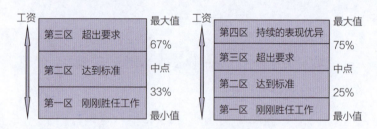

"三区间"和"四区间"模式

以下用"三区间"的模式来详细阐述如何用薪酬渗透率来分析工资竞争力。

大家还记得曾经介绍的薪酬渗透率公式么？

薪酬渗透率 =（员工工资 − 级别最小值）/（级别最大值 − 级别最小值）

如果我们把一个薪酬级别划分为三个区间，那其实就是如上图左边"三区间"模式显示的：渗透率 0~33% 为第一区间，33%~67% 为第二区间，67%~100% 为第三区间。在实际工作中，往往还会有员工的薪酬是低于最小值，或者高于最大值的情况。由此不难看出，虽然称为三区间，但实际上是五个区间：渗透率小于 0 的区间，渗透率大于 1 的区间，以及正常的三区间。

在 Excel 实际操作中，我们会利用 VLOOKUP 这个公式，把一个员工的级别和薪酬级别的最大值、最小值连接起来，计算薪酬渗透率。

员工级别	员工工资	VLOOKUP的最小值	VLOOKUP的最大值	薪酬渗透率		工资级别	最小值	中间值	最大值	级差	宽度
4	15,000	9,477	14,216	117%		1	4,250	5,000	5,750	30%	15%
3	10,000	7,459	10,091	97%		2	5,525	6,500	7,475	35%	15%
4	12,500	9,477	14,216	64%		3	7,459	8,775	10,091	35%	15%
2	8,500	5,525	7,475	153%		4	9,477	11,846	14,216	40%	20%
2	8,000	5,525	7,475	127%		5	13,266	16,585	19,902	15%	20%
1	7,300	4,250	5,750	203%							

数据连接

上图中，从 Y 列到 AD 列是一个薪酬结构。员工级别在 S 列，员工工资在 T 列。我们把计算出来的每一名员工的薪酬渗透率放在 W 列。如果按照"三区间"的模型就能看到，第一名员工的薪酬渗透率为 117%，那就是高于最大值。第三名员工的薪酬渗透率为 64%，说明在第二区间。

为了更加清楚地展示出其中的过程，以下"播放慢动作"——在 U/V 列把 VLOOKUP 的公式显示出来。

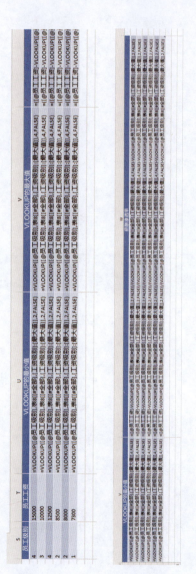

显示公式

其中，U列查找薪酬级别最小值的公式可这样分解（见表4-10）：

=VLOOKUP([@员工级别],表8[[#全部],[工资级别]:[最大值]],2,FALSE)

表4-10 公式解析

公式内容	内容解析
[@员工级别]	查找员工级别
表8[[#全部],[工资级别]:[最大值]]	在薪酬级别表中，显示为从"工资级别"这列到"最大值"这列之间
2	显示第二列的内容（最小值）
FALSE	强制等于查找，如果没有对应的级别，就显示错误

明白了最小值是如何找出来的，就可以看看最大值是如何找到的。然后套用这两个公式在W列，就能计算出来薪酬渗透率。

肖敏把上次和部门经理开会的笔记找出来，先回忆和总结了一下领导交代的重点：

（1）从宏观上讲，调薪矩阵用于测算公司绩效调薪预算的使用情况，不用于晋升预算和特殊调薪预算；从微观上看，调薪矩阵可以直接关联每一位员工的薪酬涨幅。

（2）调薪矩阵的设计原理是：

a）要在员工业绩考核之后，获得不同业绩结果的人员分布比例（例如优秀员工占比，普通员工占比等）；同时计算出员工薪酬渗透率在不同区间的人员分布比例，或者不同薪酬竞争力的分布比例（例如处于第一区间员工人数占比，第二区间员工人数占比等）；

b）确定本次薪酬调整工作中，绩效调薪总预算是多少；

c）把这个绩效调薪总预算先放在调薪矩阵的"中间"位置，也就是对于业绩考核结果是"一般/正常"，并且薪酬比率（CR）是100%（或者薪酬渗透率是50%）左右的员工，让他们个人的薪酬涨幅等于预算的水平；

d）从调薪矩阵的"中间"位置出发，按照经理介绍的原理——"高绩效、低薪酬竞争力就多涨""低绩效、高薪酬竞争力就少涨"，来填充每一个单元格的调薪幅度；

e）当把所有单元格都填充之后，要测算一下，确保总体涨幅不能超过本次绩效调薪预算：需要把每一个单元格的涨幅乘以所对应业绩考核的分布比例再乘以所在薪酬区间的分布比例，然后再把所有单元格的乘积结果累加，其和小于等于总预算即可。

想清楚了具体步骤之后，肖敏开始操作了。

（1）搭框架

肖敏联系绩效管理的同事拿到了本次员工业绩考核结果的人数分布比例，同时自己根据每一位员工的薪酬渗透率计算出每一个薪酬区间员工的分布比例。先在 Excel 里面画一个调薪矩阵的框架，并在其中填写员工业绩考核结果的比例分布（例如，5 分员工占 8%，4 分员工占 20%……），员工薪酬渗透率的比例分布（例如，处于薪酬第一区间的员工占 25%，第二区间的员工占 50%……）。

薪酬渗透率	业绩考核结果	5	4	3	2	1
	比例	8%	20%	60%	10%	2%
低于级别下限	10%					
第一区间	25%					
第二区间	50%					
第三区间	10%					
高于级别上限	5%					

调薪矩阵框架

（2）填涨幅

a）按照上次开会和领导约定的原则，如果员工的工作业绩为合格（3 分）并且员工的薪酬处在薪酬级别的中间位置（第二区间），那么该员工的薪酬增长比例就是本次薪酬调整中"绩效调整预算"的数值8%。

b）然后根据"高绩效、低薪酬竞争力就多涨""低绩效、高薪酬竞争力就少涨"的原则，以8%的单元格为中心，向上向左的单元格逐渐增加预算；反之，向下向右的单元格逐渐减少预算。为了让所有数据都能够联动起来，肖敏想出一个巧妙的办法：她在工作表的旁边设定了两个数字：横向系数、纵向系数，并且暂时设定了10%的比例。

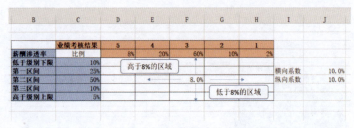

设定系数

c）利用纵向系数把调薪矩阵里面的建议调整比例"上下之间"连接起来。例如：从8%向上就是8%*（1+纵向系数），再向上就是8%*（1+纵向系数）*（1+纵向系数）；反之，从8%向下就是8%*（1-纵向系数），再向下就是8%*（1-纵向系数）*（1-纵向系数）。肖敏按照这样的顺序，先把相应的调薪比例填写好。

	A	B	C	D	E	F	G	H	I	J
22										
23										
24			业绩考核结果	5	4	3	2	1		
25		薪酬渗透率	比例	0.08	0.2	0.6	0.1	0.02		
26		低于级别下限	0.1			=F27*(1+J28)				
27		第一区间	0.25			=F28*(1+J28)			横向系数	0.1
28		第二区间	0.5			0.08			纵向系数	0.1
29		第三区间				=F28*(1−J28)				
30		高于级别上限	0.05			=F29*(1−J28)				
31										
32										

设定纵向公式

d）设定好纵向公式之后，横向公式的设定也是如此。每一行都是以员工业绩考核3分这一列为中心，向右移动就是依次乘以（1−横向系数），向左移动就是依次乘以（1+横向系数）

	A	B	C	D	E	F	G	H	I	J
22										
23										
24			业绩考核结果	5	4	3	2	1		
25		薪酬渗透率	比例	0.08	0.2	0.6	0.1	0.02		
26		低于级别下限	0.1	=E26*(1+$J$27)	=F26*(1+$J$27)	=F27*(1+J28)	=F26*(1−$J$27)	=G26*(1−$J$27)	横向系数	0.1
27		第一区间	0.25	=E27*(1+$J$27)	=F27*(1+$J$27)	=F28*(1+J28)	=F27*(1−$J$27)	=G27*(1−$J$27)	纵向系数	0.1
28		第二区间	0.5	=E28*(1+$J$27)	=F28*(1+$J$27)	0.08	=F28*(1−$J$27)	=G28*(1−$J$27)		
29		第三区间		=E29*(1+$J$27)	=F29*(1+$J$27)	=F28*(1−J28)	=F29*(1−$J$27)	=G29*(1−$J$27)		
30		高于级别上限	0.05	=E30*(1+$J$27)	=F30*(1+$J$27)	=F29*(1−J28)	=F30*(1−$J$27)	=G30*(1−$J$27)		
31										
32										

设定横向公式

如果不显示表格里的公式，就会出现下图的表格：

	A	B	C	D	E	F	G	H	I	J
22										
23										
24			业绩考核结果	5	4	3	2	1		
25		薪酬渗透率	比例	8%	20%	60%	10%	2%		
26		低于级别下限	10%	11.7%	10.6%	9.7%	8.7%	7.8%	横向系数	10.0%
27		第一区间	25%	10.6%	9.7%	8.8%	7.9%	7.1%	纵向系数	10.0%
28		第二区间	50%	9.7%	8.8%	8.0%	7.2%	6.5%		
29		第三区间	10%	8.7%	7.9%	7.2%	6.5%	5.8%		
30		高于级别上限	5%	7.8%	7.1%	6.5%	5.8%	5.2%		
31										

省去公式的表格

做到这里，肖敏利用横向、纵向两个系数把表格里面的所有数值全部关联起来。在调薪矩阵中设定了具体的薪酬涨幅,这就意味着,假如某位员工的业绩考核结果是4分,工资水平位于第二区间,那么该员工的建议调薪幅度就是8.8%。如果觉得整体的涨幅偏高或偏低,可以调节横向系数、纵向系数来实现涨幅调整。

(3)测预算

做到这里,调薪矩阵的搭框架就算初战告捷了。但是,这时候填写的薪酬调整比例数字,都是肖敏"一厢情愿"放进去的,她不知道如果所有员工都按照这样的涨幅进行薪酬调整,会不会超预算呢?

这个时候往往有两种做法。一种是把这个调薪矩阵的涨幅比例直接和每一位员工的工资关联起来。换言之,假设所有人都是按照这样的涨幅调整,看看最后的实际总涨幅是否会超预算。这种做法无疑是最准确的。另外一种做法是用加权平均数的办法来估算是否会超过总预算。

肖敏决定两种办法都尝试一下。鉴于第一种做法相对简单,在此仅仅介绍第二种办法。

总体预算的计算公式实际上就是每一个单元格内预算的加权平均数。例如,在这个表格中,从左上角开始计算:

（第一列）11.7%* 8% * 10% + 10.6%* 8% * 25% + 9.7%* 8% * 50% + 8.7%* 8% * 10% + 7.8%* 8% * 5% +（第二列）10.6%*20% * 10% + 9.7%* 20% * 25% + ……+（第五列）7.8%* 2% *10% + 7.1%* 2% * 25% + 6.5%* 2% * 50% + 5.8%* 2% * 10% + 5.2%* 2% * 5%

这里面有一个规律，就是每一列都是乘以薪酬渗透率的比例分布，然后再乘以业绩考核比例。

	A	B	C	D	E	F	G	H	I	J
22										
23										
24			业绩考核结果	5	4	3	2	1		
25		薪酬渗透率	比例	8%	20%	60%	10%	2%		
26		低于级别下限	10%	x 11.7%	10.6%	9.7%	8.7%	7.8%		
27		第一区间	+ 25%	x 10.6%	9.7%	8.8%	7.9%	7.1%	横向系数	10.0%
28		第二区间	+ 50%	x 9.7%	8.8%	8.0%	7.2%	6.5%	纵向系数	10.0%
29		第三区间	+ 10%	x 8.7%	7.9%	7.2%	6.5%	5.8%		
30		高于级别上限	+ 5%	x 7.8%	7.1%	6.5%	5.8%	5.2%		
31										

加权平均数

这里面肖敏直接用公式 SUMPRODUCT 来节省了一个一个相乘然后相加的工作。

	A	B	C	D	E	F
22						
23						
24			业绩考核结果	5	4	3
25		薪酬渗透率	比例	0.08	0.2	0.6
26		低于级别下限	0.1	=E26*(1+$J$27)	=F26*(1+$J$27)	=F27*(1+J28)
27		第一区间	0.25	=E27*(1+$J$27)	=F27*(1+$J$27)	=F28*(1+J28)
28		第二区间	0.5	=E28*(1+$J$27)	=F28*(1+$J$27)	0.08
29		第三区间	0.1	=E29*(1+$J$27)	=F29*(1+$J$27)	=F28*(1-J28)
30		高于级别上限	0.05	=E30*(1+$J$27)	=F30*(1+$J$27)	=F29*(1-J28)
31				=SUMPRODUCT($C$26:$C$30, D26:D30)*D25	=SUMPRODUCT($C$26:$C$30, E26:E30)*E25	=SUMPRODUCT($C$26:$C$30, F
32						
33						

应用 SUMPRODUCT 公式

注意肖敏在这里用的公式：首先用 C26 到 C30 的数值

分别乘以 D26 到 D30 的数值然后相加之后，乘以 D25。再用同样的办法计算其他列的薪酬调整比例。

最后，肖敏在单元格 I31 计算从 D31 到 H31 的所有预算总计。这个总计就是本次调薪矩阵得到的最终总预算。单元格 F28 的 8% 的预算是不能更改的。如果按照我们目前设定的横向和纵向系数，那么最终总体预算就是 8.4%。也就是说，最终的预算使用情况会超过 8% 的预算指标。所以，接下来就需要肖敏根据本次薪酬调整的原则来调整调薪矩阵中的各个小预算情况。

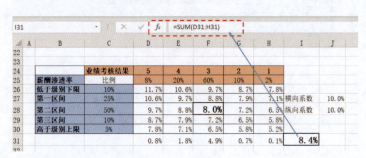

最终总预算

（4）微调控预算

接下来，肖敏开始调整这个表格，期望最终把总体预算控制在 8% 之内。

a）一方面调整横向、纵向系数，将其均调整为 9%。

b）另一方面根据公司总体的调薪策略，针对业绩考核结果为 1 分（业绩结果最差）的情况，手动将其调薪预算调为零增长。针对业绩结果 2 分，同时薪酬水平高于级别上限的情况，亦设定薪酬零增长。图中阴影部分的预算都是肖敏手工调整的部分。

	A	B	C	D	E	F	G	H	I	J
34										
35			业绩考核结果	5	4	3	2	1		
36		薪酬渗透率	比例	8%	20%	60%	10%	2%		
37		低于级别下限	10%	11.3%	10.4%	9.5%	8.6%	0.0%		
38		第一区间	25%	10.4%	9.5%	8.7%	7.9%	0.0%	横向系数	9.0%
39		第二区间	50%	9.5%	8.7%	8.0%	7.3%	0.0%	纵向系数	9.0%
40		第三区间	10%	8.6%	7.9%	7.3%	4.0%	0.0%		
41		高于级别上限	5%	4.8%	4.4%	4.0%	0.0%	0.0%		
42				0.8%	1.8%	4.8%	0.7%	0.0%	8.0%	
43										

预算微调控

这个结果是说，如果部门经理在给员工进行薪酬调整的时候，按照这样的比例进行，那么员工薪酬调整的总预算就会在 8% 左右。肖敏这个测算结果，是根据全公司总体人员的情况做出的。在具体到某个部门的时候，由于员工的薪酬渗透率分布、绩效考核结果分布可能会和全公司总体分布不同；同时需要给部门经理一定的管理灵活度，调薪矩阵可以考虑设定一定的幅度。

因此，肖敏把刚才测算的调整比例适当地上浮和下调，就形成一个有范围的调薪矩阵。至此，调薪矩阵就设计好了。

薪酬竞争力	业绩考核结果 比例	5 8%	4 20%	3 60%	2 10%	1 2%
低于级别下限	10%	13% - 10%	11% - 10%	10% - 9%	9% - 8%	0.0%
第一区间	25%	11% - 10%	10% - 9%	9% - 8%	8% - 7%	0.0%
第二区间	50%	10% - 9%	9% - 8%	8% - 7%	7% - 6%	0.0%
第三区间	10%	9% - 8%	8% - 7%	7% - 6%	4% - 3%	0.0%
高于级别上限	5%	6% - 5%	5% - 4%	4% - 3%	0.0%	0.0%

调薪矩阵

3. 调薪表格的制定

有了调薪矩阵之后，肖敏觉得松了一口气。接下来，她需要根据本公司的情况，设定具体的薪酬调整工作表格。她翻了翻公司以前的工作表格，结合部门经理的建议，把调薪的 Excel 表格设定为几个区域（这里仅用一名员工的信息举例说明）。

（1）基本信息

基本信息

（2）薪酬状况

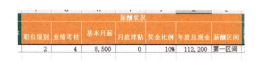

薪酬状况

（3）年度薪酬调整信息

年度薪酬调整信息

目前表中空白的地方需要部门经理根据每一名员工的情况来具体决定。

（4）调整比例

调整比例

（5）调整后薪酬

调整后薪酬

在薪酬调整的时候，为了让部门经理能够知道调薪矩阵中关联的比例，同时又不是简单地把调薪矩阵表"粘贴"给业务经理，肖敏把这个矩阵隐藏在其他工作簿里，然后锁定。

调薪矩阵中的数字，如何才能根据每一名员工实际的薪酬区间和业绩结果"跳"到他们各自的调薪建议里呢？肖敏会利用 INDEX 和 MATCH 的组合，把调薪矩阵的建议比例放在表格中，从而完美设计出薪酬调整的工作表。

涨知识

如何利用 INDEX 和 MATCH 一起工作

为了更加清楚地展示肖敏是如何做的，我们特意把调薪矩阵和调薪的表格放在一起，看一下这个公式是如何写的。

=INDEX（$J$13:$P$19,MATCH（L3,$J$13:$J$19,0），MATCH（G3,$J$13:$P$13,0））

（1）解读 MATCH 的含义：MATCH 函数得到的结果，是这个需要查找的内容在所要查找区域里的位置。

MATCH（L3,$J$13:$J$19,0）说明的含义就是，L3 这个数据（本例中为"第一区间"）在单元格 J13 到 J19 之间，处在第几个位置。

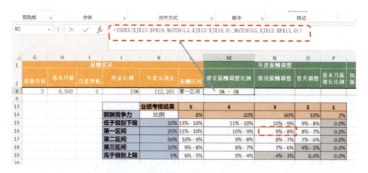

INDEX 和 MATCH 函数

如果单独运算 =MATCH（L3,$J$13:$J$19,0）结果就是 4。

同样的道理，MATCH（G3,$J$13:$P$13,0）就是指 G3 这个数据（本例中为"业绩考核结果为 3"）在 J13 到 P13 之间，处在第几个位置。

如果单独运算 =MATCH（G3,$J$13:$P$13,0）结果就是 5。

通过两个 MATCH 函数，肖敏实际上找出来工资的位置在"第一区间"并且业绩考核结果为 3 的横纵位置为"横向 4、纵向 5"。这个位置的内容就是"9%-8%"。

（2）解读 INDEX 的含义：在一个区域内查找行、列交叉位置的内容。回到上图中，我们已经计算出来了 MATCH 的结果，INDEX 就变成了"=INDEX（$J$13:$P$19,4,5）"。

这个公式的含义就是在区域 J13 到 P19 之间查找第 4 行、第 5 列交叉的内容。因此就显示"9%-8%"。

附：本章内容脑图

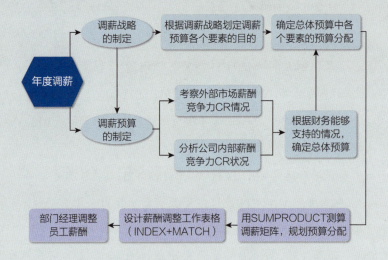

第五章

超骨感的薪酬分析

最近一段时间，公司管理层传出一则振奋人心的消息，为扩大公司在华东、华南的业务影响范围，公司即将在上海并购另外一家同业公司。

公司在正式宣布并购之前，需要做一系列尽职调查工作，用来明确未来收购的这家公司是否存在某些风险。为此，公司成立了项目组来进行相关评估工作。项目组里有专门的人力资源管理模块，而其中很大一部分就是薪酬福利的调查。肖敏有幸加入了项目组。她深深地吸了一口气——开始有大动作了。

01 并购中的薪酬分析

相比日常的薪酬福利管理工作，在企业之间的并购整合工作中，薪酬福利管理工作具有一些特殊性。主要是因为这个过程涉及的变量因素很多，有些因素甚至可以用"意想不到的黑暗"来描述。并且，很多因素往往互相纠结在一起。因此，很多问题貌似属于薪酬福利问题，但实际上它可能只是浮在水面上的部分；而水面下的部分则可能涉及文化冲突、心理冲突、沟通障碍、决策模式等因素，可谓"暗流涌动"。

肖敏翻了翻以前工作过的案例，把并购业务的流程梳理了一下。然后开始准备相关的文件。

一般来说，并购业务的流程是这样的：

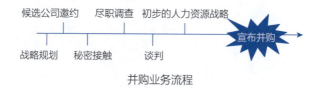

并购业务流程

为了更加明确这次并购的薪酬整合策略，肖敏和部门经理特意跟公司大老板开会，澄清了很多关键问题（表5-1）。

表5-1　并购中薪酬福利工作方向

老板如是说……	我们这么做……
此次并购的这家公司，从业务规模上比我公司小很多，但是业务潜力很大。并购可以帮助公司迅速打开华东、华南市场。为此，员工、特别是骨干员工的稳定是最重要的	✓ 确定骨干员工 ✓ 分析骨干员工目前的薪酬福利水平 ✓ 制订骨干员工保留计划

（续）

老板如是说……	我们这么做……
新公司员工的待遇调整要实现平稳过渡	✓ 整体薪酬框架保持不变 ✓ 员工待遇不能因为结构调整而下降
新公司总体的薪酬管理原则，可以首先纳入我公司体系	✓ 如果新公司薪酬福利项目比我公司复杂，可以适当调整，但必须保持员工待遇不能降低

"OK！"肖敏已经明确了工作的方向。接下来的事情就是对两家公司在薪酬福利管理框架上进行"一对一"比较。这个工作花了肖敏很多的时间和精力，最终她得到了以下的分析结果（表5-2）。

表5-2 并购中薪酬福利"一对一"比较

薪酬	我公司	新公司	问题重要性	初步的行动方向
职位级别	根据某咨询公司职位评估方法论，设计本公司职位体系	没有明确的职位体系	中	建立职位体系
基本月薪	十二薪	十二薪	无	无
年底双薪	无	有	高	将十三薪合并在基本月薪中
奖金	根据不同级别，有基本月薪10%/15%/20%的目标奖金	根据公司整体业绩决定。但近两年公司业绩不好，基本没有奖金	低	增加奖金，但会增加公司成本

（续）

薪酬	我公司	新公司	问题重要性	初步的行动方向
异地调动补贴	无	无	无	无
住房补贴	管理层，1000元/月	非上海户口的管理层1500元/月	高	如何合并住房补贴，同时不影响管理层士气
餐补	无	500元/月/人	高	如何调整餐补，同时不影响员工士气
交通补贴	销售部、市场部根据级别有	无	低	增加交通补贴，但会增加公司成本

福利	我公司	新公司	问题重要性	行动方向
年度体检	有	有	无	无
补充医疗	有	有	无	无
社保公积金	有	有	无	无
父母医疗	有	无	低	提供给新公司，但会增加成本
子女医疗	有	无	低	提供给新公司，但会增加成本
补充养老	有	无	低	提供给新公司，但会增加成本
法定假期	有	有	无	无

第五章　超骨感的薪酬分析

（续）

薪酬	我公司	新公司	问题重要性	初步的行动方向
公司年假	服务年限≤4年，年假15天；服务年限4~9年，年假18天；服务年限9年以上，年假20天	所有正式员工每年病假5天	高	制定新公司年假过渡方案，但会增加潜在成本
带薪病假	所有正式员工每年年假12天	所有正式员工每年病假5天	中	新公司直接过渡，但会增加潜在成本
其他假期	男员工陪产假3天	无	低	新公司提供陪产假，但会增加潜在成本

这个表格被老板审批之后，肖敏就知道了工作的重点。

(1) 调整新公司人员的薪酬构成

a) 新公司员工是有十三薪的。为了简化管理，将十三薪直接放在基本月薪里面，平摊至12个月。这样做的好处是操作简单，容易理解和沟通。潜在风险是本次操作会导致基本月薪提高，如果未来的奖金比例和基本月薪关联，那么奖金金额也会相应提高，即员工的目标年度总收入会相应提高，这样做会使公司的工资成本增加。

b) 新公司管理层员工有固定的1,500元月度住房补贴。我公司对同层级员工有1,000元的补贴。因此，将500元差额放入基本月薪。这样做,同样会增加基本月薪,致使未来年度总薪酬支出可能会提高。

c)新公司没有级别体系。因此,在市场部、销售部暂时不根据职位层级发放相应补贴。

d)新公司员工每月 500 元的餐补,直接放入基本月薪。这样做和以上提高基本月薪的做法带来的风险相同,会增加公司未来潜在总体的薪酬成本。

(2)测算相应成本变化

在测算工资变化的时候,由于新公司没有级别体系,同时考虑新公司业务并不稳定。因此,管理层决定半年之后,等待职位体系搭建完成,新公司业务形势明朗,再考虑采用统一的奖金体系。调整薪酬构成的时候把一些补贴、十三薪都平摊在 12 个月的基本月薪中,这样做虽然年度总现金没有提高,但是可能会带来未来奖金提高的风险。因此,在测算未来相应成本变化的时候,还需要模拟一下不同奖金比例下公司的工资成本变化情况。

(3)提供管理决策

a)新公司工资结构合并到本公司体系之后的变化主要

是员工基本月薪的变化。

b）新公司管理层住房补贴，保持和本公司一致（每月1,000元）。

c）新公司合并之后，目标年度总现金保持不变。

d）测算不同奖金模式下，公司未来潜在工资总成本的变化。

沿着这个工作思路，肖敏开始整理新公司人员的工资清单表，然后执行第一步操作：调整新公司人员的薪酬构成。新基本月薪用 Excel 来设定公式：

新基本月薪 =IF（月度固定津贴 =1,500，基本月薪 *13/12+500+500，基本月薪 *13/12+500）

部门	职位名称	基本月薪	是否有13薪	月度固定津贴	奖金	年度总现金	年度总现金占比	新基本月薪	新月度固定津贴	新年度总现金	新年度总现金占比
销售部	销售经理	13,500	有	0	500	203,400	15,950	116%	0	203,400	100.0%
销售部	销售经理	14,600	有	1,500	500	213,800	16,817	115%	1,000	213,800	100.0%
市场部	市场专员	7,800	有	0	500	107,400	8,950	115%	0	107,400	100.0%
财务部	业务主管	10,000	有	0	500	136,000	11,333	113%	0	136,000	100.0%
财务部	业务专员	7,500	有	0	500	103,500	8,625	115%	0	103,500	100.0%
市场部	市场主管	12,000	有	1,500	500	180,000	14,000	117%	1,000	180,000	100.0%
销售部	销售专员	11,000	有	0	500	149,000	12,417	113%	0	149,000	100.0%
销售部	销售主管	11,800	有	0	500	159,400	13,283	113%	0	159,400	100.0%
销售部	销售专员	11,500	有	0	500	155,500	12,958	113%	0	155,500	100.0%
销售部	销售专员	9,000	有	0	500	123,000	10,250	114%	0	123,000	100.0%
财务部	业务专员	6,500	有	0	500	90,500	7,542	116%	0	90,500	100.0%
销售部	销售专员	8,000	有	0	500	110,000	9,167	115%	0	110,000	100.0%
市场部	市场专员	8,500	有	0	500	116,500	9,708	114%	0	116,500	100.0%
财务部	业务专员	7,500	有	0	500	103,500	8,625	115%	0	103,500	100.0%
销售部	销售经理	6,000	有	0	500	84,000	7,000	117%	0	84,000	100.0%
市场部	市场专员	11,500	有	0	500	155,500	12,958	113%	0	155,500	100.0%
销售部	销售主管	11,100	有	0	500	150,300	12,525	113%	0	150,300	100.0%
财务部	业务主管	10,000	有	0	500	136,000	11,333	113%	0	136,000	100.0%
市场部	市场专员	8,200	有	0	500	112,600	9,383	114%	0	112,600	100.0%
销售部	销售专员	8,500	有	0	500	116,500	9,708	114%	0	116,500	100.0%
市场部	市场专员	8,500	有	0	500	116,500	9,708	114%	0	116,500	100.0%
市场部	市场主管	12,000	有	1,500	500	180,000	14,000	117%	1,000	180,000	100.0%
销售部	销售经理	12,600	有	1,500	500	187,800	14,650	116%	1,000	187,800	100.0%
财务部	业务主管	10,800	有	0	500	146,400	12,200	113%	0	146,400	100.0%
销售部	销售专员	7,800	有	0	500	107,400	8,950	115%	0	107,400	100.0%
财务部	业务经理	10,680	有	0	500	144,840	12,070	114%	0	144,840	100.0%
财务部	业务经理	11,050	有	1,500	500	167,650	12,971	117%	1,000	167,650	100.0%
销售部	市场主管	8,500	有	0	500	116,500	9,708	114%	0	116,500	100.0%
销售部	销售专员	7,500	有	0	500	103,500	8,625	115%	0	103,500	100.0%
销售部	销售经理	13,950	有	1,500	500	205,350	16,113	116%	1,000	205,350	100.0%
汇总		9,939					11,384	115%			

员工工资调整举例

注：为了简化说明，在此只展示新公司市场部、销售部和财务部三个部门员工的工资调整结果。

肖敏做好了以上测算之后，总结了一下主要的发现：

（1）取消所有员工十三薪，餐补合并进新基本月薪；调整管理层住房补贴至 1,000 元，差额 500 元合并进新基本月薪。

（2）员工基本月薪平均涨幅 15%，幅度在 13% 到 17% 之间。

这样的测算对于肖敏来说实在是太简单了。不过，为了给管理层提供更多的信息，她还是模拟了一下新公司参照目前公司的情况调整奖金体系后公司总成本的变化。肖敏的这种测算在薪酬管理中是常见的做法，一般称为模拟测算。这样的测算非常考验薪酬管理人员的 Excel 技巧和思维逻辑性。

肖敏做了两种假设：其一，假设新公司的所有人员都有基本月薪 10% 的奖金；其二，假设新公司的所有人员都有基本月薪 20% 的奖金。

在这两种假设下，新公司员工的年度总现金在调整之后就是：

年底总现金 = 基本月薪*12+ 基本月薪*奖金比例（10% 或 20%）*12+ 月度固定津贴（1,000 或 0）*12

员工工资调整模拟测算

部门	岗位	基本月工资	店长/三星级以上	月度固定奖金	单位	天爱奖	月度固定收入	新聘用月基本工资	基本月度变化%	天爱奖	月度固定收入	未奖金	月度固定收入合计	奖金+10%	年度包销金额合计	奖金10%	年度包销金额合计	奖金-20%	年度固定金额合计	年度固定金额合计%
销售部	销售经理	13,800		1,500	500	203,400	15,950	116%	1,000	203,400	100.0%	222,540	109.4%	241,650	118.8%
市场部	市场经理	14,600		1,500	500	213,800	16,817	115%		213,800	100.0%	233,980	109.4%	254,160	118.9%
市场部	市场专员	7,800		0	500	107,400	8,950	115%		107,400	100.0%	118,140	110.0%	128,880	120.0%
业务部	业务专员	10,300		0	500	136,400	11,333	115%		136,400	100.0%	149,440	110.0%	163,200	120.0%
销售部	销售经理	7,500		0	500	103,300	8,625	115%		103,300	100.0%	113,850	110.0%	124,200	120.0%
市场部	市场经理	12,000		1,500	500	180,000	14,000	117%	1,000	180,000	100.0%	196,800	109.3%	213,600	118.7%
市场部	市场主管	11,800		0	500	149,000	12,417	113%		149,000	100.0%	163,900	110.0%	178,800	120.0%
市场部	市场主管	11,800		0	500	159,400	13,283	113%		159,400	100.0%	175,340	110.0%	191,280	120.0%
市场部	市场主管	9,500		0	500	155,500	12,958	123%		155,500	100.0%	171,050	110.0%	186,600	120.0%
市场部	市场主管	6,500		0	500	123,200	10,250	118%		123,200	100.0%	135,300	110.0%	147,600	120.0%
市场部	市场主管	8,000		0	500	90,500	7,542	116%		90,500	100.0%	99,550	110.0%	108,600	120.0%
市场部	市场专员	8,500		0	500	110,000	9,167	115%		110,000	100.0%	121,000	110.0%	132,000	120.0%
市场部	市场专员	7,500		0	500	116,500	9,708	114%		116,500	100.0%	128,150	110.0%	139,800	120.0%
市场部	市场专员	6,000		0	500	103,500	8,625	115%		103,500	100.0%	113,850	110.0%	124,200	120.0%
市场部	市场专员	11,500		0	500	84,500	7,042	123%		84,500	100.0%	92,950	110.0%	101,400	120.0%
销售部	销售专员	11,100		0	500	155,500	12,958	113%		155,500	100.0%	171,050	110.0%	186,600	120.0%
销售部	销售专员	10,000		0	500	150,300	12,525	113%		150,300	100.0%	165,330	110.0%	180,360	120.0%
销售部	销售专员	10,000		0	500	136,000	11,333	113%		136,000	100.0%	149,600	110.0%	163,200	120.0%
销售部	销售专员	8,200		0	500	112,600	9,383	114%		112,600	100.0%	123,860	110.0%	135,120	120.0%
销售部	销售专员	8,500		0	500	116,500	9,708	114%		116,500	100.0%	128,150	110.0%	139,800	120.0%
销售部	销售专员	8,500		0	500	116,500	9,708	114%		116,500	100.0%	128,150	110.0%	139,800	120.0%
销售部	销售专员	12,600		0	500	180,000	14,000	117%		180,000	100.0%	196,800	109.3%	213,600	118.7%
市场部	市场主管	10,800		1,500	500	187,800	14,650	113%	1,000	187,800	100.0%	205,380	109.4%	222,960	118.7%
市场部	市场主管	10,800		0	500	146,400	12,200	113%		146,400	100.0%	161,040	110.0%	175,680	120.0%
市场部	市场主管	8,950		0	500	107,400	8,950	115%		107,400	100.0%	118,140	110.0%	128,880	120.0%
市场部	市场主管	10,680		1,500	500	144,840	12,070	113%	1,000	144,840	100.0%	159,324	110.0%	173,808	120.0%
销售部	销售主管	10,680		0	500	167,650	12,971	113%		167,650	100.0%	183,215	109.3%	198,780	118.6%
市场部	市场主管	8,500		0	500	116,500	9,708	114%		116,500	100.0%	128,150	110.0%	139,800	120.0%
销售部	销售经理	7,500		0	500	103,500	8,625	115%		103,500	100.0%	113,850	110.0%	124,200	120.0%
销售部	销售经理	13,950		1,500	500	205,350	16,113	116%	1,000	205,350	100.0%	224,685	109.4%	244,020	118.8%
汇总		298,180				4,182,340				4,182,340		4,992,174		5,002,008	119.7%

以上测算表格的最后 4 列，清楚地显示如果给每一名员工增加 10% 或 20% 的目标奖金，那么平均每一名员工的年度总现金会增加 10% 或 20%。这也就意味着，公司的总工资成本会相应地增加。

如果仔细看一下不同人员的情况就会发现：如果当前人员享有一定补贴（主要是管理层），那么他们的新工资总额涨幅反倒是低于 10% 或者 20%。这就提示我们，如果未来给新公司设定目标奖金，可以考虑同时提高一下管理层的基本月薪或奖金比例。

02 部门重组的薪酬分析

带着信心，肖敏推开老板办公室的门，把上面的总结和方案向老板汇报了一下。老板对于总体方案还是比较满意的，同时也提到了一个问题：随着公司的并购项目逐渐明朗，下一步，公司准备把新公司的市场部、销售部和目前公司的市场部、销售部合并在一起，成立新的市场销售部。新公司人员未来的奖金体系直接过渡到当前公司的奖金体系，这就意味着他们的年度总现金会有相应比例的增加。考虑到新公司的员工会和目前公司员工在一起工作，那么一个新问题就是：他们的工资与目前公司员工的工资相比，其内部、外部竞争力有什么差异？

接到这个任务之后，肖敏回到了座位。她先用笔把整体分析轮廓做出来，并在工作本子上绘出下图。

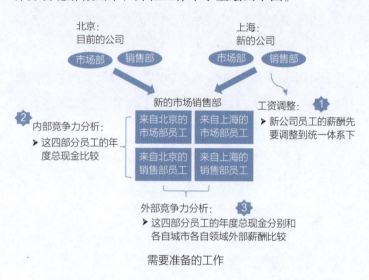

需要准备的工作

整体的思路是：当前分别有北京、上海两个部门的员工，他们分别属于新旧公司、不同城市。因此，需要先把新公司员工的工资调整到统一的薪酬框架内。然后，看一下这些人如果在一起工作，那么他们的工资水平是不是有差别？最后，不管是不是有差别，还要将他们的工资和各自所在城市及各自工作领域的外部工资进行比较。这样做的目的是不仅要看在一个统一大部门下工资绝对值的比较，还要参考对应外部市场工资的情况，从而防止一个极端情况出现：从内部看，不同城市和不同小部门员工的工资很接近；但是从外部看，有些员工会因为缺乏工资竞争力而被其他公司挖走。

明确了整体思路，肖敏列出了一个薪酬分析表（表5-3）。

表5-3　关于部门合并的薪酬分析

工作目的	主要内容
新公司在新的奖金体系下个人工资变化	计算新体系下的年度总现金，以及新老总现金的变化情况
内部公平测算	新公司和当前公司员工之间工资的比较关系分析
外部竞争测算	新公司和当前公司员工工资在外部市场的竞争力分析
汇总分析	利用图表来阐述结论

首先需要进行的工作是：在新的奖金体系下，测算员工工资的变化情况。在给领导汇报工作之前，肖敏已经进行了相应的测算。肖敏发现一个"棘手"的问题——目前的测算，需要把新公司员工的薪酬和目前公司员工薪酬做比较，但新公司没有职位级别，那么如何对标到本公司呢？一般来说，可以从两个角度入手：一是查看一下新公司是不是有职位说明书，或者有没有相应的职责描述文件；二是查看新公司的组织结构图。用这两个办法来佐证和粗略地为每一个职位设定一个级别。

本公司当前的职位级别有 4 级，月度固定津贴仅在销售部和市场部发放。具体内容为：4 级员工（经理）每人每月 1,000 元补贴，3 级主管拟增加每人每月 500 元补贴。本公司的目标奖金发放额度是基本月薪的固定比例。总体的结构如表 5-4 所示。

表 5-4 当前公司的奖金情况

级别	目标奖金占基本月薪的比例
4	20%
3	15%
2	10%
1	10%

如果把新公司的员工薪酬按照目前公司现有的级别、津贴和奖金体系套改进来，薪酬的变化如下所示。

部门	职位名称	职位级别	年度总现金	新基本月薪	新固定月变津	新目标奖金	新年度总现	年度总现金变
销售部	销售经理	4	203,400	15,950	1,000	20%	241,680	118.9%
市场部	市场经理	4	213,800	16,817	1,000	20%	254,160	118.9%
市场部	市场专员	2	107,400	8,950	0	10%	118,140	110.0%
销售部	销售经理	4	180,000	14,000	1,000	20%	213,600	118.7%
市场部	市场主管	3	149,000	12,417	500	15%	177,350	119.0%
销售部	销售主管	3	159,400	13,283	500	15%	189,310	118.8%
市场部	市场主管	3	155,500	12,958	500	15%	184,825	118.9%
销售部	销售专员	2	123,000	10,250	0	10%	135,300	110.0%
销售部	销售专员	1	90,500	7,542	0	10%	99,550	110.0%
销售部	销售主管	3	116,500	9,708	500	15%	139,975	120.2%
市场部	市场主管	3	103,500	8,625	500	15%	113,850	110.0%
销售部	销售专员	1	84,000	7,000	0	10%	92,400	110.0%
市场部	市场主管	3	155,500	12,958	500	15%	184,825	118.9%
销售部	销售主管	3	150,300	12,525	500	15%	178,745	119.0%
市场部	市场专员	2	112,600	9,383	0	10%	123,860	110.0%
市场部	销售专员	2	116,500	9,708	0	10%	128,150	110.0%
市场部	市场经理	4	180,000	14,000	1,000	20%	213,600	118.7%
销售部	销售经理	4	187,800	14,650	1,000	20%	222,960	118.7%
销售部	销售主管	3	144,840	12,070	500	15%	172,566	119.1%
市场部	市场主管	3	116,500	9,708	500	15%	139,975	120.2%
销售部	销售专员	1	103,500	8,625	0	10%	113,850	110.0%
销售部	销售经理	4	205,350	16,113	1,000	20%	244,020	118.8%

薪酬测算表举例

作为薪酬专业人员，在汇报工作的时候，万万不能拿着基础的数据表去汇报，一定要做相应的总结。为此，肖敏将以上基础数据用数据透视的功能汇总了一下，形成了表5-5。由表可知，公司总成本增长16.6%。1、2级员工薪酬增幅一致，均为10%；3、4级员工薪酬增幅大幅领先1、2级员工，分别达到了19.2%和18.8%。4级员工因为原来就有每月1,500元的补贴，本次套改只是把其中的500元放在基本月薪。因此，4级员工的增幅小于3级。

表5-5 新公司员工薪酬套改情况分析

级别	原年度总现金均值/元	新年度总现金均值/元	增长比例
1	95,375	104,913	10.0%
2	114,875	126,363	10.0%
3	143,443	170,959	19.2%
4	195,058	231,670	18.8%
总计	3,158,890	3,682,791	16.6%

其次，需要把不同城市、不同部门和不同层级员工的薪酬都放在一起，看一下薪酬绝对金额的内部公平情况。

为此，肖敏先把北京和上海的销售部、市场部员工都放在一起（为节省篇幅，此处省略两地所有部门员工薪酬汇总表），然后通过数据透视功能，获得以下结论。

（1）如果看北京和上海员工总体薪酬水平趋势，那么上海（新公司）员工薪酬水平略高于北京员工薪酬水平（见表5-6）。

表5-6　不同城市年度总现金分析

级别	上海/元	北京/元	上海：北京
1	104,913	105,270	99.7%
2	126,363	115,500	109.4%
3	170,959	165,528	103.3%
4	231,670	219,480	105.6%
总平均	167,400	160,190	104.5%

（2）即便是单独看市场部或销售部（见表5-7、表5-8），上海员工的工资也是高于北京员工的（唯独销售部1级员工略低）。

表5-7　市场部员工不同城市薪酬分析

级别	上海/元	北京/元	上海：北京
1	113,850	109,560	103.9%
2	121,000	108,900	111.1%
3	171,744	171,600	100.1%
4	233,880	224,400	104.2%
总平均	167,843	162,507	103.3%

表 5-8　销售部员工不同城市薪酬分析

级别	上海／元	北京／元	上海：北京
1	101,933	103,840	98.2%
2	131,725	122,100	107.9%
3	170,174	159,456	106.7%
4	230,565	217,020	106.2%
总平均	167,093	158,586	105.4%

看到这个数字，肖敏沉默了一下。她暗自佩服老板视野的超前性。也就是说，如果现在就直接把上海员工的工资套改进入我公司的体系，那么就意味着会产生一个很大的内部公平性差异！这个差异的存在，第一会造成公司总体薪酬成本的提高；第二会给北京公司员工带来负面影响。

接下来，肖敏要考虑的第三个问题便是：不同城市、不同部门人员的工资和所在城市外部同业工资相比，其外部竞争力到底是什么状况呢？为此，肖敏分别找到了北京和上海的同业市场薪酬报告，并将外部数据与内部数据进行比较分析。

肖敏先把北京和上海的外部市场数据放在一起，并把这个区域变成表。

①鼠标在北京上海工资的区域选择单元格；

②点击"套用表格格式"；

③选择一个合适的表格格式。

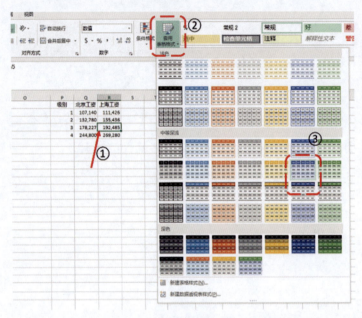

把区域变成表

这个时候，原来的区域就成为真正的"表"。如果我们用鼠标选择表中的任意单元格，就会看到在 Excel 工具栏显示"表格工具 – 设计"，这证明你是在用表来工作。

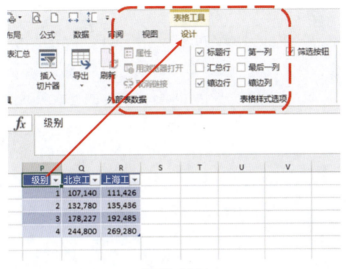

真正的"表"

在计算外部市场竞争比率 CR 的时候，肖敏用 VLOOKUP 公式把本公司员工数据与对应的外部市场数据关联起来。

在下表的 N 列，计算每一名内部员工工资的外部竞争力：内部员工年度总现金 / 外部市场数据。

计算外部竞争力

第五章 超骨感的薪酬分析　　169

为了方便大家分析阅读，我们把公式栏中的公式抄出来。看一下用"表"工作的好处：公式中显示的内容不是行或者列的内容，而是类似 [@ 工作城市] 的标题内容。

=IF（[@ 工作城市]=" 北京 ",[@ 年度总现金]/VLOOKUP（[@ 职位级别], 表 10[# 全部],2,FALSE),IF（[@ 工作城市]=" 上海 ",[@ 年度总现金]/VLOOKUP（[@ 职位级别], 表 10[# 全部],3,FALSE）," "））

上述公式总体解读下来就是：如果 [工作城市] 等于北京，就用员工工资除以找到的北京市场数据；如果 [工作城市] 等于上海，就用员工工资除以找到的上海市场数据；如果工作城市既不是北京也不是上海，就显示空白的单元格。

每一名员工的外部市场竞争力计算出来之后，需要通过数据透视来汇总一下以分析趋势。

用"表"的好处又展现出来：鼠标选定原始数据表的任意单元格，然后直接选择"插入 → 数据透视表"（参见第 171 页上图）。Excel 就会自动找到需要透视的范围来进行数据计算。

为了能够得出上海的市场部、销售部和北京的市场部、销售部每一个级别员工平均的外部竞争力水平，肖敏做了如下的分析。

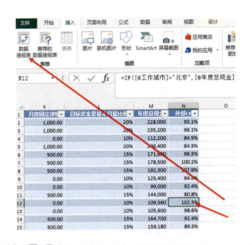

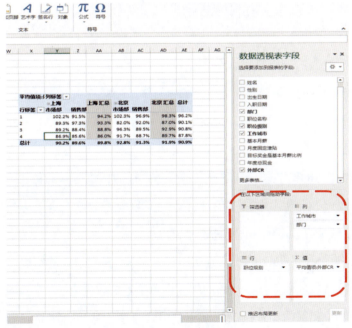

利用数据透视分析趋势

第五章 超骨感的薪酬分析 171

汇总分析：

从内部公平性分析来看，上海市场部、销售部员工的工资平均高于北京员工 3%~5%；从外部竞争分析来看，上海市场部、销售部员工的工资竞争力略低于北京员工。

测算之后得到这样的结果让肖敏非常困惑：从内部不同城市员工的绝对工资金额来看，上海地区所有员工的工资基本上都略高于北京员工。但是，如果比较外部竞争力，上海的员工工资确实比外部市场工资水平略低。那么，到底她的方案应该如何调整呢？

带着这样的疑问，肖敏和部门经理开会商量。她首先把整体的分析过程、分析结论向经理做了汇报。然后才抛出刚才的问题。

经理略加思索，翻看了肖敏做过的所有测算：上海新公司的员工原来没有奖金，增加奖金之后，年度总收入会增长 16.6% 左右。对于员工来说，这样的调整是一个利好。因此，即便上海员工的外部市场竞争力略低，但是因为薪酬原因离职的风险暂时还比较可控。从内部工资绝对水平来看，上海员工的工资确实略高。那么，针对这样的情况，可以通过马上就要开始的年度调薪来适当解决。

和部门经理的会议结束之后，肖敏不禁暗自佩服领导的分析决策能力。自己辛辛苦苦地分析半天，还仅仅是限于数字之中，没有把数字背后的含义和实际的管理情况关联。这一点，确实是每一位薪酬管理人士需要注意的。

03 薪酬管理重在数据分析

时间过得总是比想象的要快很多。不知不觉中，又是一年秋——肖敏入职集团总部已经一年了。肖敏翻看着这一年以来的工作记录：薪酬体系搭建、薪酬调整、公司业务并购中的薪酬转化……这一年里做了不少事情。

昨天，部门经理笑眯眯地走到肖敏的工位前，说部门打算开一个年度的工作总结会。肖敏虽然加入这个部门仅仅一年，但凭借在数据分析方面的能力，对部门的贡献很大。领导希望她能和大家分享一下在数据分析方面的心得体会，最好能给部门其他同事介绍一些快速且实用的小工具，以此来帮助更多同事提高工作效率。

肖敏愉快地承接了这一任务。她翻看着工作记录，慢慢陷入了沉思。

数据分析固然是有一定套路的，但是在实际工作中，更为重要的是如何把数据分析的结果呈现给相应的观众。作为一名Excel专家，肖敏觉得可以在这方面和大家分享一下。

想到这里,肖敏开始慢慢梳理自己是如何把数据分析结果整理出来,并如何快速呈现给大家的。她突然想到了前几天临近下班的时候,部门经理特别着急需要一个分析结果。肖敏当时用的利器就是 Excel 中的一个强有力的工具——数据透视表。

当时的情况是这样的:

经理需要看一下市场部、销售部两个部门员工的工资分析,包括:

(1)不同层级人员、不同部门员工的业绩考核分布情况。

(2)不同年龄段员工的基本月薪高低是否有什么规律。

(3)不同业绩结果的员工,奖金发放比例是否有所区别。

肖敏打开经理发过来的 Excel 表格,看了一下表格的信息,觉得使用数据透视表这一功能就基本上可以解决以上问题了(下图截取了表格部分信息)。

肖敏先把这个工作表由区域转化为"表",以方便后期做数据透视(此操作的好处在前文已经描述过)。然后直接选取"插入—数据透视表",进入数据透视表选项。

职位名称	性别	出生年月	部门	层级	业绩结果	基本月薪	奖金
市场专员	男	1985/9/12	市场部	2	1	26,003	1,800
销售主管	女	1988/2/8	销售部	3	3	36,288	4,064
市场经理	男	1989/4/5	市场部	4	3	47,954	4,364
销售主管	男	1990/8/12	销售部	3	3	38,439	4,000
市场总监	男	1985/3/14	市场部	5	4	58,153	6,100
销售主管	男	1988/12/4	销售部	3	3	36,950	4,000
市场专员	女	1984/6/18	市场部	2	3	27,168	2,500
销售经理	女	1982/5/12	销售部	4	5	48,414	5,664
销售总监	男	1986/3/19	销售部	5	4	57,184	5,718
销售主管	男	1987/11/3	销售部	3	3	36,228	3,261
销售专员	女	1988/10/9	销售部	2	1	28,244	2,100
市场主管	男	1986/3/21	市场部	3	2	37,500	3,500
市场总监	男	1985/9/27	市场部	5	4	57,074	6,107
市场经理	女	1987/1/18	市场部	4	4	46,883	4,548
销售主管	男	1985/7/21	销售部	3	2	38,763	3,600
销售总监	男	1986/3/18	销售部	5	5	57,436	6,720
销售专员	男	1984/8/21	销售部	2	3	27,985	2,463
市场主管	女	1972/6/23	市场部	3	4	32,790	3,312
销售主管	女	1997/4/17	销售部	3	4	36,078	3,969
市场经理	男	1977/4/15	市场部	4	2	47,699	4,500

原始表格

为了分析不同部门、不同业绩结果人员的分布数量，把"部门""业绩结果"两个字段分别拖拉到相应的行与列，就可以得到相应的具体数字。

例如，此时能够清楚地看到市场部一共有员工14人，其中，业绩结果5分的有4人。但是，这样的分析结果太不直观了。为此，肖敏直接用鼠标点击这个数据透视表的任意单元格。在 Excel 表的表头便出现"数据透视表分析"这一选项，在其中直接选择数据透视图就可以把刚才数据透视表的内容直接调整为图。这样可使结果展示更为直观。

第五章　超骨感的薪酬分析

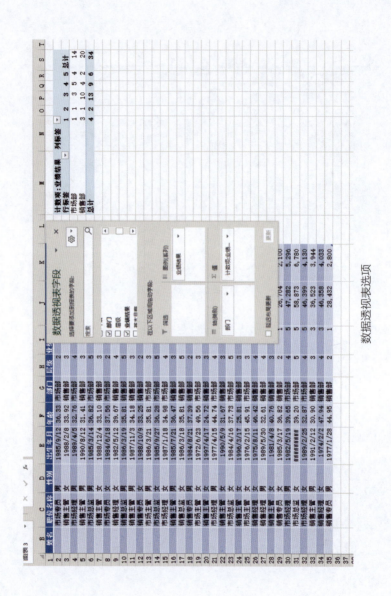

数据透视表选项

176　薪酬专家都是 Excel 高手

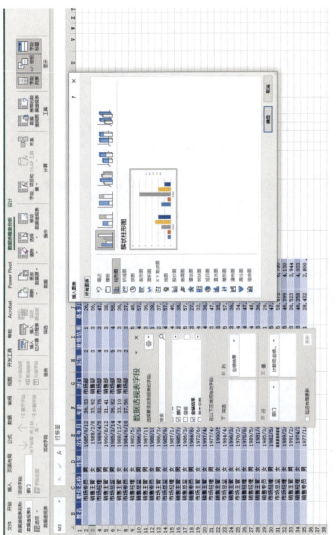

选择柱形图

第五章 超骨感的薪酬分析　177

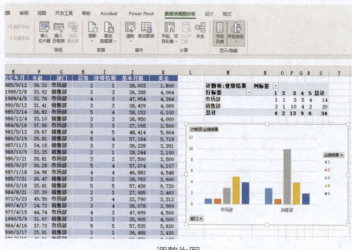

调整为图

做到这里,肖敏就可以把两个部门不同业绩分布的图直接放在汇报用的 PPT 里面了。她在想,应该把两个部门不同人员的比例分布罗列一下。她知道利用数据透视表的功能是可以直接显示出数据分布比例的。

用鼠标右键点击数据透视表的任意单元格,就可以看到"值显示方式"。出现的下拉菜单里面有很多种显示的方式,通常情况都是"无计算"的显示。因为在这里需要计算一下每一个部门不同业绩结果人员的分布比例,所以肖敏选择了"行汇总的百分比"。之后便可以看出市场部的 4 分、5 分人员的比例明显高于销售部门。

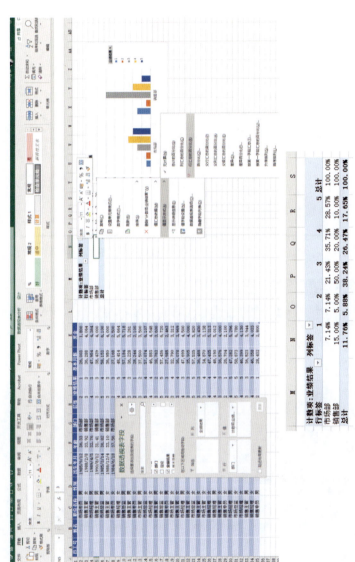

第五章 超骨感的薪酬分析 179

为了改善比例表的视觉效果,肖敏又添加了颜色,让表格看起来更加生动。首先把需要添加颜色的地方选中,然后选择表格上方的"开始→条件格式→色阶",选择自己喜欢的颜色。数据透视表里面的数字就会根据不同的数值大小自动添加不同颜色。添加颜色之后的数据透视表,其可读性有了进一步的提升。在这样的配色下,数字越接近100%,其颜色就越接近暖色调的"深红色";越接近0%,其颜色就越接近冷色调的"蓝色"。

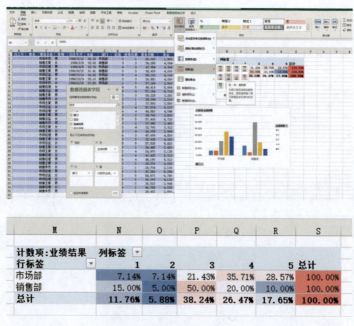

添加颜色

做好了不同部门人员的业绩分布比例之后，肖敏开始研究不同年龄段员工的基本工资问题。在这里使用的员工年龄，并不需要特别精准。因此，肖敏就用最简单快捷的办法来计算。

员工年龄=（计算年龄的截止日期－出生日期）/365

D	E	F	G	H	I
性别	出生年月	年龄	部门	层级	业绩
男	1985/9/12	=(DATE(2021,12,31)-[@出生年月])/365	市场部	2	
女	1988/2/8	33.92	销售部	3	
男	1989/4/5	32.76	市场部	4	
男	1990/8/12	31.41	销售部	3	
男	1985/3/14	36.82	市场部	5	
女	1988/12/4	33.10	销售部	3	
女	1984/6/18	37.56	市场部	2	
女	1982/5/12	39.67	销售部	4	
男	1986/3/19	35.81	销售部	5	

员工年龄计算

当把所有人员年龄计算出来之后，就需要看一下不同年龄段人员的平均工资。肖敏还是利用数据透视表来完成这项任务。当把年龄、部门分别放在数据透视表的横纵轴，然后把员工基本月薪放在显示值的时候，表就会显示出在不同年龄下，不同部门人员的平均工资水平。这样，肖敏用数据分组的办法就轻松搞定了。

肖敏用鼠标右键点击数据透视表中年龄这一列单元格中的任意一个，在弹出来的对话框中选择"组合"，就会出现一个新的对话框，显示需要进行组合的年龄段。肖敏把"起始于"输入"0","终止于"输入"50","步长"输入"5"(即年龄段是5年)。

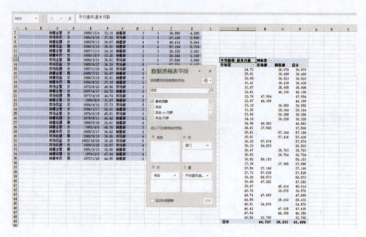

利用数据透视表

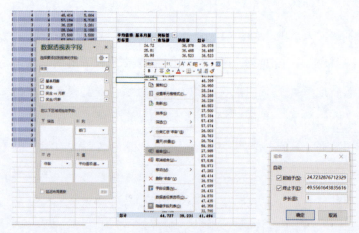

数据透视表设置

按照肖敏的输入，数据透视表自动把年龄进行了分组。随后她又把这个数据表转化为数据图。从图中能够非常清晰地看到市场部人员的基本月薪和年龄关系不大，只有45~50岁人员的基本月薪降低很多。而销售部人员的基本月薪呈现出随着年龄增长而增长的趋势（除40~45岁人员外）。

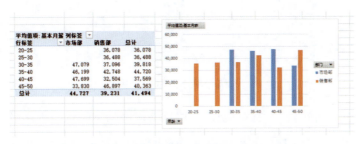

转化为数据图

完成了领导交办的两件任务之后，肖敏开始分析最后一个任务。即相比基本月薪来说，员工的奖金发放比例与业绩结果是否有关联？

在肖敏看来，这就相当于用数据透视表做一下员工的业绩结果和奖金发放比例的关系透视。大多数薪酬专员的做法往往是在原有数据上添加一列（L列），计算一下每一名员工的奖金除以基本月薪，然后再进行数据透视，就会得出结论。

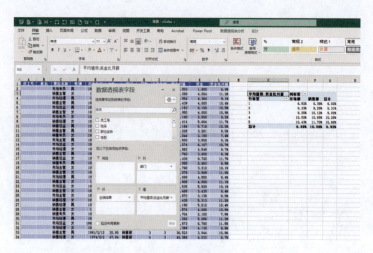

选择"数据透视表"

对于肖敏来说,她认为这样做出来的结果不是非常严谨,并且需要在操作上增加一列。实际上,数据透视表是"自带"运算的。具体做法是:点击数据透视表的任意一个单元格,就可以在导航栏找到"数据透视表分析"。然后点击"字段、项目和集",选择"计算字段"。

进入到"计算字段"之后的界面(如下图所示),具体操作为:首先手动输入一个名称,这里写的是"奖金/月薪"。然后在下面的"公式"一栏输入打算让数据透视表计算的内容。由于这里是希望数据透视表把奖金除以基本月薪,所以就在字段的选项中双击选择"奖金"字段(或者点击"奖金"字段,再选择"插入字段"),然后

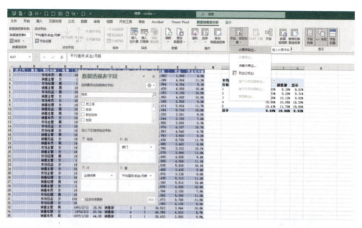

选择"计算字段"

输入 Excel 的除号"/",再选择"基本月薪"字段。这样 Excel 便可以计算"奖金占基本月薪的比例"了。当把公式设定好之后,选择"关闭"。

设定公式

第五章 超骨感的薪酬分析

做好了这些,就是在数据透视表中增加了一个新的公式。但是,这个公式在哪里呢?肖敏用鼠标右键点击数据透视表,然后选择"刷新"这个数据透视表,此时惊喜就出现了。

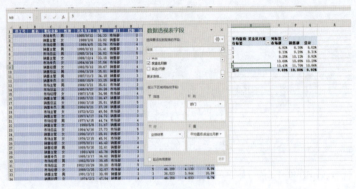

新添加公式

在可以添加的字段中,出现了刚才命名的新的字段"奖金/月薪"。而肖敏需要做的就是把这个字段放在数据透视表"值"的地方。

至此,肖敏在没有额外增加一列的情况下,做出了不同部门、不同业绩结果下,员工奖金发放比例的分析。结论是:不论市场部还是销售部,员工奖金获得比例基本上和业绩考核结果呈正相关,即高绩效人员获得的奖金比例高。

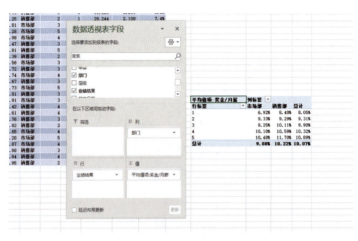

添加进"值"

看到这里，细心的读者会发现：肖敏处理最后一个问题用的数据透视表的办法取得的结果与常用办法取得的结果并不一样。

为什么呢？如果我们增加一列，首先计算出来每一名员工的奖金和基本月薪的比例，然后做数据透视表分析，得到的结果是所有人员奖金发放比例的平均数。而用肖敏的办法，在数据透视表中增加公式的计算，是把不同层级不同部门人员所有奖金累加后除以对应的所有基本月薪的累加。所以，两者的结果略有差别。

为此，在实际工作中，大家应根据自己的需要来选择用哪种方法更加严谨。

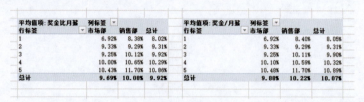

数据透视分析

 涨知识

如何快速计算员工年龄

员工年龄的计算有很多种，只要知道员工生日和计算的截止日期，就可以利用不同的方法来快速计算。当然，不同方法计算出来的结果略有不同。

（1）简单快捷的办法：年龄＝（计算年龄的截止日期－出生日期）/365

例如，某员工出生日期是1978年5月15日，需要计算一下到2021年12月31日该员工的年龄就可以这样计算：=（DATE（2021,12,31）-DATE（1978,5,15））/365= 43.66

这样计算的工作原理就是两个日期之间距离多少天，然后除以365来折算为多少年。细心的读者一定会发现，由于闰年的原因，每年并不是365天，因此计算出来的年龄可能会有误差。

（2）如果是计算到今天的年龄，那就更简单了。Excel有两个常见的表示"现在"的函数：TODAY（）和NOW（）。需要注意的是，这两个函数没有任何参数，只需要加上括号即可。TODAY函数计算的是计算机系统显示的今天的日期，NOW函数计算的是计算机系统显示今天的日期和时间。

例如，某员工出生日期是1978年5月15日，计算到今天的年龄，就可以这样计算：=（TODAY（）－DATE（1978,5,15））/365

TODAY函数是跟随计算机系统走的，所以这个年龄会随着每天日期的变更而更新。

（3）采用Excel的隐藏函数DATEDIF来计算。因为它是隐藏函数，所以，如果你输入该函数的前几个字母，Excel是不会进行输入提示的。另外，这个函数必须是"开始日期，结束日期"的形式；如果是直接输入日期，必须要有英文的引号。

例如，某员工出生日期为1978年8月22日，可以利用DATEDIF函数，计算到2021年8月22日之间的年、月、日。

DATEDIF（"1978-8-22","2021-8-22","y"）=43.00（计算多少年）

DATEDIF（"1978-8-22","2021-8-22","m"）=516.00（计算多少月）

DATEDIF（"1978-8-22","2021-8-22","d"）=15,706.00（计算多少日）

为了让大家比较不同的计算方法，在此都以出生日期1978年8月22日为例，分别用DATE函数、DATEDIF函数计算到2021年8月21日至8月23日该员工的年龄。

E	F	G
出生日期	年龄	
1978年8月22日	43.000	=DATEDIF(E2,DATE(2021,8,22),"y")
1978年8月22日	43.030	=(DATE(2021,8,22)-E3)/365
1978年8月22日	43.000	=DATEDIF(E4,DATE(2021,8,23),"y")
1978年8月22日	43.033	=(DATE(2021,8,23)-E5)/365
1978年8月22日	42.000	=DATEDIF(E6,DATE(2021,8,21),"y")
1978年8月22日	43.027	=(DATE(2021,8,21)-E7)/365

比较不同计算方法

附：本章内容脑图

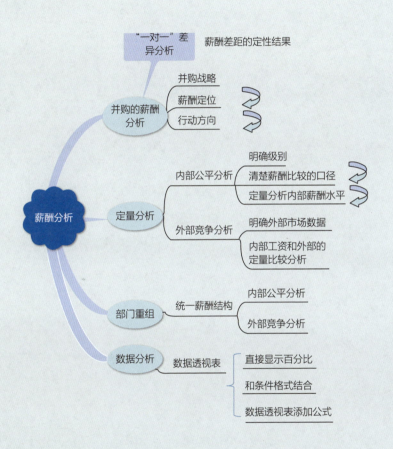

第六章

繁杂事务很简单

作为一名薪酬专家，日常工作中肖敏也会处理很多琐碎的分析工作。而这个时候，肖敏往往都是应用 Excel 来提高工作效率的。

01 给表格美个颜

正如前面章节我们看到的：每次拿到一个新任务，肖敏通常都是先了解任务的总体背景和需要达到的目标，然后制订一个工作计划，将工作的"自然语言"转化为"Excel 语言"。很多时候，即便是拿到了一个 Excel 表格，肖敏也是先观察表格中数值的情况，然后才开始设定公式进行相关的测算。她自己的经验是：很多貌似是表格，貌似是数字的地方，实际上隐藏着"杀机"，可能会存在很多意想不到的风险。特别是很多直接从一些软件系统里面导出来的 Excel 表格，其中很多单元格的格式非常奇怪。所以，肖敏通常会用以下公式来清理、整理一下相关的表格。

汇总一下肖敏习惯使用的公式（表 6-1）。在此仅详细介绍 VALUE 和 TRIM，其他公式非常容易，只需输入需要转化的文本字符串的单元格即可。例如，=PROPER（A2）就是把 A2 单元格中的首字母大写，其他字母小写。

表 6-1　常用整理表格的公式

习惯使用的公式	使用的目的
VALUE	将代表数字的文本字符串转换成数字
TRIM	删除字符串首尾的空白，但会保留字符串内部作为词与词之间分隔的空格
PROPER	将文本字符串的首字母及任何非字母字符之后的首字母转换成大写，将其余的字母转换成小写
UPPER	将文本字符串中的所有小写字母转换成大写字母
LOWER	将文本字符串中的所有大写字母转换成小写字母

1. 用 VALUE 处理员工工号的情况

VALUE 这个公式的意义非常重大。基本上只要是处理员工号的时候，肖敏都会首先用 VALUE 这个公式来处理。有的时候，从系统里导出来的工资数字，看似是数字，实际上不能进行任何运算（属于非数值型的数字）。这个时候同样需要使用 VALUE 这个公式。

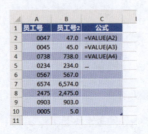

使用 VALUE 公式

肖敏曾接到过类似上面 A 列的表格。员工号被"整齐"地划定为 4 位数的格式。一般来说，出现这种情况的原因是：系统导出的带格式的数据；单元格被强制设定为"四位数"的格式；在输入员工号之前,故意输入一个小撇′……

不过，这些都可以用 VALUE 公式轻易破解。上图 B 列呈现的便是用 VALUE 公式之后，员工号变成数字格式。为了让大家看得清楚，特意增加一个小数位来显示现在的 B 列已经是可以进行数学运算的数字格式了。C 列展示的是 B 列的公式情况，供大家参考。

2. 用 TRIM 公式快速处理姓名的空格

当拿到一份员工名单，发现里面有些名字中间存在空格的情况，并且不知道这些空格到底空了几格，也不清楚名字前面或者后边是不是还有空格。这个时候，用 TRIM

就能快速解决。

在下图这个例子中,在旁边的 C 列输入 TRIM 公式即可。例如,在 C2 单元格输入 =TRIM(A2)就会出现如下的结果。

使用 TRIM 公式

在用 TRIM 清理名字空格的时候需要注意:它能清理所有名字前面后边的空格,但是名字中间会保留一个空格。

再如,某天肖敏收到另外一个表格,里面年龄这一列明显有问题。虽然采用了右对齐的格式,但是仍然有数值看起来不能对齐。因此,肖敏首先怀疑是有空格存在。

肖敏在 B2 这个单元格中输入 =TRIM(A2),就把 A2 里面的空格都清理了。

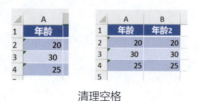

清理空格

3. 善于利用判断公式和逻辑公式美化表格

下午,负责招聘面试的同事跑过来找肖敏,说他们为面试设计了一个表格,但是觉得表格看起来不是特别美观。肖敏拿过来看了看,询问了一下表格的工作情况,很快便搞定了这个小问题。

下面就是面试的表格。这个表格的工作原理是三个面试官针对一个候选人的若干能力表现给予 1~5 分的评定。在表格的最后一行,是该应聘人员每一项能力的算术平均分(保留两位小数)。但是,同事觉得表格在还没有使用的时候,最后的平均数就显示了错误的提示,有些美中不足。

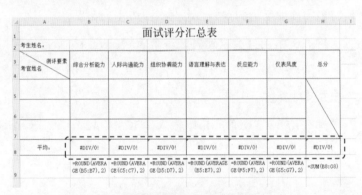

美中不足的面试评分汇总表

为了给读者展示清楚,我们把工作表格最后一行的公式展示在平均值的下面。以下以第一个公式为例:

=ROUND(AVERAGE(B5:B7),2),这个公式表示的是把 B5 到 B7 的数字进行算数平均,然后结果保留两位小数。但是,如果 B5 到 B7 之间没有任何数字,这个公式结果就会显示错误。所以，肖敏就用了一个非常简单的公式来处理。

	面试评分汇总表						
考生姓名\考官姓名 测评要素	综合分析能力	人际沟通能力	组织协调能力	语言理解与表达	反应能力	仪表风度	总分
平均	=IFERROR(ROUND(AVERAGE(B5:B7),2),"")	=IFERROR(ROUND(AVERAGE(C5:C7),2),"")	=IFERROR(ROUND(AVERAGE(D5:D7),2),"")	=IFERROR(ROUND(AVERAGE(E5:E7),2),"")	=IFERROR(ROUND(AVERAGE(F5:F7),2),"")	=IFERROR(ROUND(AVERAGE(G5:G7),2),"")	=IFERROR(SUM(B8:G8),"")

公式展示

我们把肖敏的公式展示在上图的最后一行，并且仍然用 B 列的公式举例：

=IFERROR(ROUND(AVERAGE(B5:B7),2)," ")

这个公式的含义就是：如果 ROUND（AVERAGE（B5:B7），2）计算出来的结果是错误的，就显示一个空白（这里的空白就是用 "" 来表示，要注意输入的引号须为英文标点），否则就显示 ROUND（AVERAGE（B5:B7），2）的计算结果。

经过这样的装饰，当表格中由于没有任何数字，出现 #DIV/0! 错误提示的时候，就被显示为空白表格了。而一旦输入任意一个数字，就可以正常显示计算结果了。

这个 IFERROR 公式非常好用，它可以用来检测错误的公式。其他常见美化表格的判断公式还有以下几个。

表 6-2　常用美化表格的判断公式

判断公式	表述的含义
ISBLANK	判断指定的单元格是否为空
ISERROR	判断函数式返回的数值是否有错
ISNA	判断一个值是否为 #N/A
ISNUMBER	判断引用的参数或指定单元格中的值是否为数字
ISTEXT	判断引用的参数或指定的单元格的内容是否为文本

在美化表格的时候也会经常用到逻辑公式。逻辑公式主要有以下几个。

表 6-3　常用美化表格的逻辑公式

逻辑公式	表述的含义
AND	所有参数全部为真时，则返回 TRUE；只要有一个参数为假，即返回 FALSE
OR	任何一个参数为真时，则返回 TRUE；所有参数全部为假时，才返回 FALSE
NOT	对参数值求反
IF	根据指定条件判断真假，从而返回不同的内容

我们仍然回到刚才肖敏处理的表格中。实际上，她也可以用逻辑公式来完成美化。我们仍以 B 列为例，公式如下：

=IF(OR(B5=" ",B6=" ",B7=" ")," ",ROUND(AVERAGE(B5:B7),2))

公式的含义就是：如果（IF）B5/B6/B7中有一个是空值，就显示空白；只有当B5/B6/B7三个单元格都有数字之后，才计算三个数字的平均数（保留两位小数）。

注意看：下图已经在单元格B6/B7输入了数字，但是单元格B8仍然是空值。

完成美化的面试评分汇总表

如果读者感兴趣，建议可以把这里的OR（B5=" "，B6=" "，B7=" "）替换为AND（B5=" "，B6=" "，B7=" "），体会一下两者的差别。用OR公式代表着，B5\B6\B7三个单元格只要有一个是空值，最后的平均数单元格就是空值（一定程度上强制要求必须输入三个数值才能计算结果）；用AND公式代表着，B5\B6\B7三个单元格同时是空值，则结果显示空值。只要有一个单元格不是空值，就开始计算平均数。

02 用下拉菜单建立自己的规则

由于工作需要，肖敏经常会设计一些空白表格，交给其他人员填写。其他人员填写之后，就会在预先设定好公式的地方显示出相应的结果。但是，由于每个人的工作习惯和操作习惯不同，往往别人输入的结果和肖敏最初设想的有些不同。

所以，肖敏在设计表格的时候，为保证表格内容的整齐，会根据表格需要输入的内容提前设定好相应的下拉选项。这样一方面可减少误操作带来的输入内容不统一；另一方面也可以减少表格输入人员的工作量。

1. 最简单的下拉菜单制作

今天，肖敏要做一个员工基本信息的表格，其中涉及员工的性别。为了简便操作，肖敏设定了一个男、女下拉菜单，这样就不用辛苦地一个一个手动输入了。

制作这样的表格，需要在 C2 单元格设定一个下拉菜单。首先，选中单元格 C2；然后，按照下图依次选择"数据"→"数据验证"→"数据验证（V）"。在数据验证的对话框里，选择"设置"中的"任何值"，找到"序列"。

选择了"序列"之后就会看到"来源（S）"对话框，在里面手动输入：男,女。

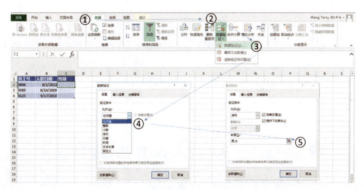

下拉菜单制作

需要注意的是：最后一步手动输入信息的时候，里面的逗号一定要用英文的逗号；用逗号分隔开的内容就是未来显示出来的下拉菜单。

此时，肖敏点击"确定"，即出现如下的菜单。如果希望C3/C4等单元格都拥有同样的下拉菜单，那么用复制、粘贴的操作即可完成。

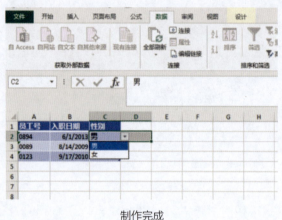

制作完成

2. 稍微复杂的下拉菜单制作

继续设计刚才的文件，肖敏发现接下来的单元格要输入员工的学历信息。学历信息内容较多，如果用刚才手动输入的办法，看起来有点"小烦琐"。所以，肖敏决定采用另外一个方法设定下拉菜单。

在下图中，肖敏打算在单元格D2设定学历的下拉菜单。她可以采用刚才的方法来制作。但是因为学历的内容较多，在这么狭小的对话框里输入不是很方便，因此肖敏用了另外一个方法来设定。

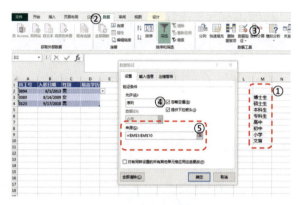

设定学历下拉菜单

首先,肖敏在不影响这个工作表格的地方建立一个小表,输入不同学历的内容。接下来的步骤和第一种方法一样:"数据"→"数据验证"→"数据验证(V)",最后一步在"来源(S)"这里,不用手动输入,而是点击"来源"对话框右侧的小框图标,选择第一步建立的学历小表。最后,选择"确定",就能得到以下结果了。

制作完成

3. 有级别的下拉菜单制作

肖敏继续设计该表格。她发现这个表格还有更多的下拉菜单制作需要。在制作好最高学历下拉菜单之后，还有员工户籍所在城市和区县菜单。而且，这个区县最好是选择了城市之后，只出现该城市下辖的区县。

制作有级别的下拉菜单

肖敏知道这时可以使用 INDIRECT 这个公式（为了简化，在这里仅用直辖市举例）。

肖敏先在另外的工作簿制定了一个所有城市、区县的列表，然后分别给表格的各个部分命名。

制作列表

（1）先给表头命名。这样做的目的是为表头做下拉菜单的时候更加方便。先选择需要列表的城市（图中选择K1：N1）；然后选择"公式"里面的"定义名称"。

表头命名

在出现的"新建名称"对话框中输入"城市"。需要注意的是：对话框下面"引用位置"出现的应该是K1：N1的位置。这说明我们已经给这几个单元格命名了。

（2）给命名之后的城市列表制作下拉菜单。与上面操作步骤基本一样："数据"→"数据验证"→"数据验证（V）"。接下来的步骤有所不同。注意看，肖敏在对话框的"来源（S）"里面输入了"=城市"。这个动作相当于告诉软件，这个下拉菜单就是刚才命名的"城市"的那几个单元格。然后选择确定，在E2单元格中便出现了城市的下拉菜单。

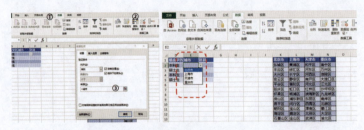

制作下拉菜单

（3）给每一个城市下面的区县列表命名。注意它们的名字必须是这些区县所属的城市名称。肖敏重复给四个城市下面的区县命名。我们在此仅介绍她是如何给北京市这一列命名的。

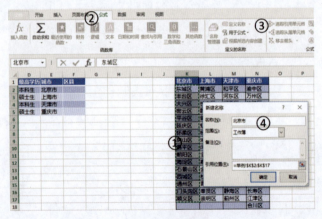

区县列表命名

首先，选择北京市下属的区县 K2：K17，然后按照单元格命名的操作顺序，依次选择："公式"→"定义名称"，出现"新建名称"的对话框。然后在"名称（N）"里面，输入 K2：K17 单元格的名称，这个名称必须和这些区县所属城市的名称一样。因此，这里输入"北京市"。

肖敏同样把 L2：L17 命名为"上海市"、M2：M17 命名为"天津市"……在操作的过程中，如果输入错误，或者打算更改一下名称，可采用如下操作修改命名的单元格："公式"→"名称管理器"，然后在出现的对话框中选中需要修改或者删除的名称。

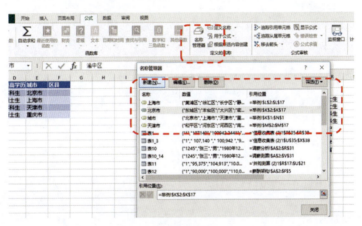

修改命名

（4）给区县选择二级下拉菜单。这里面最重要的奥秘就是使用了 INDIRECT 这个公式。肖敏非常熟练地进行如下操作：选中单元格 F2→选择"数据"→"数据验证"。

出现了"数据验证（V）"对话框。在"设置"→"允许（A）"中选择为"序列"。然后在"来源（S）"中直接输入=INDIRECT（E2），选择确定。在输入=INDIRECT（E2）的时候一定要注意：都应为英文的输入格式，不能有空格，只能手动输入，不能用鼠标选择。这里输入的单元格E2就是前面城市列表的内容。

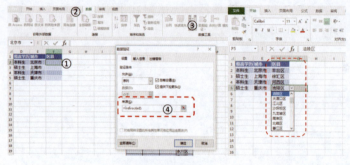

二级下拉菜单

（5）万事大吉。把单元格F2设定的下拉菜单复制粘贴到下面的单元格就可以了。

INDIRECT是一个间接引用公式

在Excel的常用公式中，INDIRECT是为数不多的间接引用的公式之一。它对引用进行计算，并显示其内容。

在肖敏的例子中,区县的下拉菜单应该是跟从于城市列表的。如果前面单元格选择了北京市,那么在区县的下拉菜单列表中就必须出现北京市所属的区县。

为此,肖敏先把北京下属区县的单元格命名为"北京市";然后在数据有效性的引用里面写了=INDIRECT(E2)。也就是说,如果前面E2单元格选择了"北京市",那么F2这个单元格的下拉菜单列表就会显示定义好的"北京市"所属的区县。

为了更好地说明INDIRECT这个公式,我们用以下案例帮助大家理解。

示例

在这个案例中,我们在B7到B11单元格分别输入C7

到 C11 单元格的公式，看看得到什么结果。

（1）=INDIRECT（A1）得到的结果是 11。公式的运算逻辑是：先查找单元格 A1 的内容，得到的是 B2，然后找到 B2 单元格对应的是 11。因此，结果是 11。

（2）=INDIRECT（"A1"）得到的结果是 B2。这里就是让公式显示 A1 单元格里面的内容。

（3）=INDIRECT（A2）得到的结果是 15。其运算逻辑和（1）相同。

（4）=INDIRECT（A4）得到的结果是错误显示。因为公式会寻找 A4 单元格对应的内容 MKT，然后显示 MKT 对应的内容，这显然是错误的。

（5）=INDIRECT（"A4"）得到的结果是 MKT。同（4）相比，这里要求公式显示 A4 单元格里面的内容。因此，仅显示 MKT。

03 强大的 VLOOKUP 百用不腻

肖敏经常要处理很多表格，并且很多时候需要把不同的表格连接起来。这个时候自然会使用 VLOOKUP 超级强大的找寻功能。使用 VLOOKUP 的时候，最常用的搜索指标就是员工工号。别忘了曾经给大家介绍过的 VALUE 公式呀！肖敏习惯性地把拿到的表格都增加一列，把原来表格中的员工工号都通过 VALUE 公式转化为数值。然后再进行搜索、查找。

因为 VLOOKUP 这个公式在日常工作中实在是太常用了，所以在这里单独拿出来向大家介绍一下。

在 Excel 中与"LOOKUP"相关的函数有三个：VLOOKUP、HLOOKUP 和 LOOKUP。

VLOOKUP 中的 V 表示垂直方向。当查找值位于须查找的数据区域左边的一列时，可以使用 VLOOKUP，而不用 HLOOKUP。同理，HLOOKUP 中的 H 表示水平的横向，也就是按照行查找，显示某一行（行序号）的内容。

而 LOOKUP 的函数比较复杂，在实际工作中并不经常使用。

VLOOKUP 功能：在表格区域的首列查找指定的数值，并由此返回表格区域中该数值所在行中指定列处的数值。其公式如下：

VLOOKUP（查找值，区域，列序号，逻辑值）

对于这个公式，大家并不陌生。需要注意的是其中的"逻辑值"。逻辑值为 TRUE（值为 1）或 FALSE（值为 0）。它指明函数 VLOOKUP 返回时是近似匹配还是精确匹配。

（1）如果为 TRUE 或省略，则返回近似匹配值。也就是说，如果找不到精确匹配值，则返回小于"查找值"的最大数值；如果"查找值"小于"区域"第一列中的最小数值，返回错误值 #N/A。

（2）如果"逻辑值"为 FALSE，函数 VLOOKUP 将返回精确匹配值；如果找不到，则返回错误值 #N/A；如果"查找值"为文本时，"逻辑值"一般应为 FALSE。

为了便于大家更好地理解，我们用肖敏处理的案例来说明。

（1）利用"逻辑值"精确查找：VLOOKUP（查找值，区域，列序号，FALSE）

精确查找

如上图所示,表格的左边是员工的基本信息,右边从 P3 到 S7 是一个薪酬架构表。肖敏采用 VLOOKUP 公式,把不同职位层级的薪酬架构的中间值和每一名员工的实际级别连接起来。

=VLOOKUP(H2,表 12_1519[[#全部],[级别]:[最大值]],3,FALSE)

以 H2(职位级别)为查找条件,在右侧薪酬架构表格中,找到并显示职位级别匹配的中间值(从"级别"起第三列数据)。这些内容大家都很熟悉了。但是,特别需要注意的是:肖敏在这个公式的最后,用的是 FALSE 这个逻辑值,目的是让这次 VLOOKUP 公式精确查找。换言之,如果在本案例中,某位员工的级别是 5 或者更高级别,在薪酬架构表里没有这样的级别,那么这个公式就会出现错误信息。

(2)利用"逻辑值"模糊查找:VLOOKUP(查找值,区域,列序号),这里不用写 FALSE,就是默认模糊查找。

在刚才的案例中,肖敏采用的是精确查找的模式。这个时候 Excel 的工作模式是在薪酬架构表中,一行一行地查找。例如,我们要找职位级别是 4 的员工的薪酬架构数值。Excel 就会先在薪酬架构表中对比第一行,发现不匹配,对比第二行,发现不匹配……直到 Excel 找到有一行的职位级别为 4,然后显示出来职位级别 4 对应的第三列的内容。

模糊查找与精确查找的工作原理基本上是一样的。但关键的细微差别在于：我们必须提前把查找区域的第一列，即薪酬级别，按照升序处理。

下面来看看如果肖敏在 N 列的查找中用的是模糊查找会出现什么结果。我们故意把职位级别 H2/H3 两个单元格的级别调整为 5/6 两个级别，如下图所示。这两个级别是薪酬架构表中没有的。但是，我们惊奇地发现，Excel 也能显示出结果，即薪酬架构表中职位级别 4 对应的工资水平。对于 H4 到 H9 这些行的查找，我们看到 Excel 也都找对了。

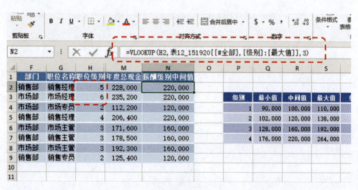

模糊查找

为什么模糊查找会这样显示呢？

我们用查找职位级别 5 的情况为例，说明模糊查找的工作原理：Excel 会在薪酬架构表中这样工作：找第一行，

"看到的"级别是 1，不匹配；然后第二行，"看到的"级别是 2，不匹配……找到最后一行是 4，不匹配。接下来就"跑到"查找区间外边了，Excel 就把能找到的最大的职位级别 4 对应的数值显示出来。

为了进一步说明问题，我们在薪酬架构的表格里增加了职位级别 8 的工资状况，如下图所示。我们发现：如果还是用模糊查找，但是职位级别 5/6 显示查找的工资，还是职位级别 4 的工资水平。这是为什么呢？

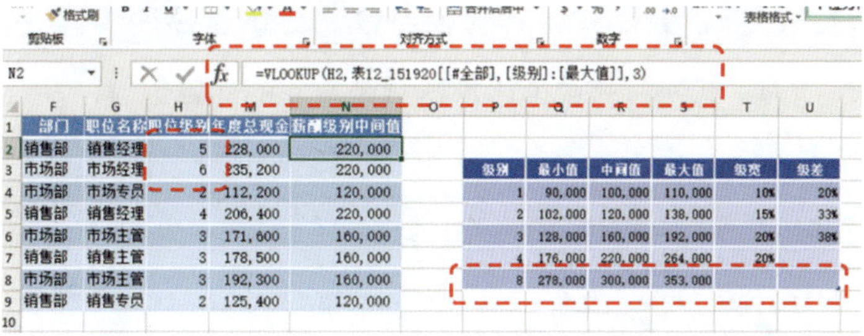

示例

这说明 VLOOKUP 在进行模糊查找的时候，从第一行开始查找匹配的数字，一直找到职位级别 4 的时候数据仍然不匹配；接下来 VLOOKUP 发现了职位级别 8，这个数字大于职位级别 5 和 6 了，Excel 就停止查找，并退回上一条记录，把职位级别 4 的工资水平显示出来了。

了解了模糊查找的工作原理，我们在日常工作中需要注意：一般情况下一定要用精准查找。当然，对于能够熟练运用 Excel 功能的老手来说，模糊查找也是有很大用处的。

我们看一个体检的例子。

马上到公司年度体检的时候了，公司为不同年龄、不同性别的员工准备了不同的体检套餐。

对于年龄不足 35 岁的员工均提供"普通套餐"；对于年龄在 35 岁至 45 岁之间的员工，分别提供"男 A 套餐"和"女 A 套餐"。对于年龄大于等于 45 岁的员工，分别提供"男 B 套餐"和"女 B 套餐"。

为了让所有人都能够清楚自己对应的套餐选择，肖敏需要预先设定一个表格，把相应的套餐与每一名员工的年龄对应，以方便最后的统计工作。

套餐选择

上图中，右边的表格是套餐的选择。例如，35 岁以下的员工都是"普通套餐"；大于等于 35 岁并且小于 45 岁的男员工采用"男 A 套餐"，这个年龄段的女员工采用"女 A 套餐"。

面对这样的问题，很多人首先想到的是：可以用 IF 公式来解决。IF 年龄小于 35 岁，就是"普通套餐"，IF 年龄大于等于 35 岁且为男性，就是"男 A 套餐"。

=IF(D3<35," 普通套餐 ",IF(AND(D3>=35,D3<45),IF(C3=" 男 "," 男 A 套餐 "," 女 A 套餐 "),IF(D3>=45,IF(C3=" 男 "," 男 B 套餐 "," 女 B 套餐"))))

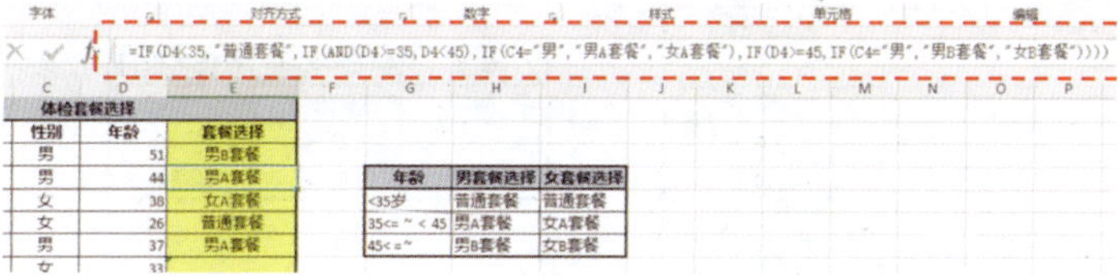

IF 公式

用 IF 公式是可以的。但是，如果条件很多的话就容易受到公式嵌套次数的限制。同时，公式万一报错，也不容易修改。

因此，肖敏喜欢采用 VLOOKUP 的模糊查找来处理这样的问题。

先在员工套餐选择的表左边增加一个年龄的小列。分别标出来 0/35/45。然后，用模糊查找的公式便可简单解决了。

=IF(C8=" 男 ",VLOOKUP(D8,$F$5:$I$7,3),VLOOKUP(D8,$F$5:$I$7,4))

这个公式的含义是：如果是男性，那么年龄在 F 列找，并且显示第三列的内容；如果是女性，就显示第四列的内容。

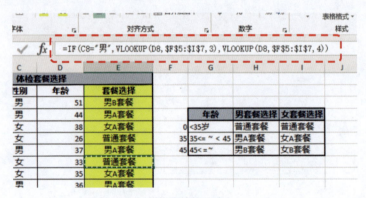

模糊查找的公式

我们发现用 VLOOKUP 的模糊查找，其公式比用 IF 语句的套用简洁很多。这也是 VLOOKUP 独特的魅力所在。

附：本章内容脑图

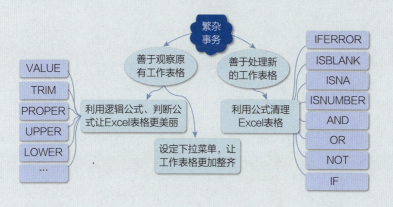